RECONSTRUÇÃO
EM
FILOSOFIA

Dados Internacionais de Catalogação na Publicação (CIP)
(Câmara Brasileira do Livro, SP, Brasil)

Dewey, John
Reconstrução em filosofia / John Dewey; com a nova introdução do autor. – 1ª ed. – São Paulo: Ícone, 2011. – (Coleção fundamentos da filosofia).

Título original: Reconstruction in philosophy.
ISBN 978-85-274-1180-6

1. Filosofia I. Título. II. Série

11-05164 CDD-100

Índices para catálogo sistemático:

1. Filosofia 100

JOHN DEWEY

RECONSTRUÇÃO EM FILOSOFIA

COM A NOVA INTRODUÇÃO DO AUTOR

COLEÇÃO FUNDAMENTOS DA FILOSOFIA

1ª EDIÇÃO
BRASIL – 2011

Coleção Fundamentos da Filosofia

Título original
Reconstruction in Philosophy

Tradução
Marsely De Marco Martins Dantas

Revisão
Juliana Biggi
Rita Teixeira

Design gráfico, capa e miolo
Richard Veiga

ÍCONE EDITORA LTDA.
Rua Anhanguera, 56 – Barra Funda
CEP: 01135-000 – São Paulo/SP
Fone/Fax.: (11) 3392-7771
www.iconeeditora.com.br
iconevendas@iconeeditora.com.br

Nota preliminar

Fui convidado a fazer várias conferências na Universidade Imperial do Japão, em Tóquio, durante os meses de fevereiro e março deste ano. Envidei todos os esforços para apresentar uma interpretação da reconstrução de ideias e modos do pensamento filosófico atual. Enquanto as conferências acabam por revelar os traços característicos das opiniões pessoais do autor, elas visam expor os contrastes entre os tipos antigos e novos de problemas filosóficos, procurando não fazer uma defesa partidária de qualquer solução específica de tais problemas. Meu principal esforço consistiu em esclarecer as causas que tornam inevitável a reconstrução intelectual, bem como antecipar algumas linhas sobre as quais ela deve ocorrer.

Quem já experimentou a hospitalidade ímpar do povo japonês certamente sentiu-se confuso ao desejar expressar, à altura, seu agradecimento pela atenção que lhe foi dispensada. Contudo, gostaria de deixar aqui registrado minha gratidão, particularmente às inúmeras demonstrações de cortesia e auxílio que recebi do Departamento de Filosofia da Universidade de Tóquio, e de meus prezados amigos Dr. Ono e Dr. Nitobe.

Setembro de 1919.

J. D.

[Sumário]

[Introdução]

A Reconstrução Vinte e Cinco Anos Depois[1]

I

Esta obra foi escrita há vinte e cinco anos, ou seja, logo após a Primeira Guerra Mundial. O texto foi impresso sem revisão. Esta introdução busca interpretar o espírito do texto e, assim, foi escrita com a total certeza de que os fatos ocorridos ao longo dos anos que se seguiram criaram uma situação onde a necessidade de uma reconstrução é mais urgente do que quando o livro foi escrito; e, mais especificamente, com a convicção de que a situação atual mostra precisamente onde essa reconstrução deve começar. Nos dias de hoje, "Reconstrução da Filosofia" é mais aplicável do que seu título original, "Reconstrução em Filosofia". Isto porque os fatos até o presente momento embasam com precisão as alegações do texto; ou seja, que as estruturas, os problemas e os temas da filosofia são concebidos pelo estresse e pela tensão da convivência comunitária, onde uma forma padronizada de filosofia é cultivada; e onde proble-

1 Nova introdução do autor – escrita 25 anos após a edição original de 1920.

mas específicos variam conforme as recorrentes mudanças da vida que, às vezes, são diretamente responsáveis por crises e momentos marcantes na história da humanidade.

A Primeira Guerra Mundial abalou o período de otimismo antes disseminado entre as pessoas e as classes sociais que buscavam entendimento mútuo sobre harmonia e paz. Atualmente, o choque é ainda maior. A insegurança e os conflitos são tão comuns que a ansiedade e a incerteza prevalecem. Tal incerteza projeta um futuro ruim em todos os aspectos do presente.

Atualmente, não são muitos os que exibem confiança sobre a habilidade filosófica em lidar com assuntos sérios do cotidiano. Essa falta de confiança é manifestada sob a forma de preocupação quanto à melhoria de técnicas e a seleção de sistemas do passado. Tais interesses são justificáveis. Em relação ao primeiro, a melhor forma de reconstrução não é a que dá atenção ao "modelo" em detrimento do "conteúdo substancial", como acontece com técnicas utilizadas tão somente para desenvolver e refinar habilidades ainda puramente formais. Em relação ao segundo, a melhor forma não é a que visa ao conhecimento erudito de um passado que não contribui para sanar os problemas que assolam os seres humanos nos dias de hoje. Nunca é tarde para reconhecermos que, enquanto o interesse nos temas mencionados predomina, o retrocesso evidente da filosofia no cenário atual demonstra o grau de desordem e instabilidade atualmente projetado sobre os outros aspectos da vida humana. Em verdade, podemos ousar mais ainda e afirmar que esse retrocesso é uma manifestação dos muitos defeitos dos sistemas passados, que os tornaram de pouca validade para os problemas atuais, ou seja, o desejo de encontrar algo predeterminado e preciso que forneça um refúgio seguro. Os problemas que uma filosofia relevante ao presente deve compreender são os oriundos das mudanças incessantes do crescimento geográfico e demográfico, o que mostra a necessidade de uma reconstrução diferente daquela em vigor ainda hoje.

Quando uma visão semelhante àquela aqui apresentada foi discutida nesta obra, foi alvo de críticas severas. Segundo um de meus críticos, "uma atitude desagradável" frente aos ótimos sistemas do passado. Com respeito à necessidade de reconstrução, devemos igualmente reconhecer que as críticas de filósofos sobre os sistemas do passado não são direcionadas a sua relação com os problemas intelectuais e morais de época e lugar, mas sim com sua importância perante a condição humana modificada. As mesmas coisas que transformaram os vastos sistemas em objetos de estima e admiração, em seus próprios contextos socioculturais, são, em grande parte, responsáveis por sua falta de "atualidade" em um mundo cujas principais características são um tanto quanto diferentes daquelas da "revolução científica", da "revolução industrial" e da "revolução política" dos últimos cem anos. Um apelo para a reconstrução, sob o meu ponto de vista, não pode ser feito sem que se atribua especial atenção ao seu passado histórico, onde a reconstrução deve ter seu início. Longe de ser um sinal de menosprezo, essa atenção especial é parte indispensável do interesse no desenvolvimento de uma filosofia que fará, para nossa época e nosso lugar, o que as grandes doutrinas do passado fizeram para as culturas das quais surgiram.

Outra crítica relacionada àquela discutida anteriormente é que a visão aqui apresentada sobre a função da filosofia fundamenta-se sobre um exagero romântico daquilo que pode ser feito pela "inteligência". Tal crítica só encontraria justificativa se a palavra "inteligência" fosse usada como um sinônimo de "razão" ou "intelecto puro", como feito por uma importante escola do passado. Entretanto, ela significa algo bem diverso daquilo que consideramos o maior órgão ou "faculdade" para a retenção de verdades definitivas. É uma descrição minimalista dos métodos de observação crescentes e dos raciocínios reflexivos e experimentais que, no curto prazo, revolucionaram as condições físicas e psicológicas da vida, mas que ainda não foram desenvolvidos para aplicação às mais diversas situações humanas. A "inteligência" é recém-chegada até mesmo ao campo físico da pesquisa, e ainda não se desenvolveu nos diversos aspectos do cenário humano. A reconstrução a ser realizada não é a da aplicação da "inteligência" como algo pronto. Reconstrução significa transferência, a temas morais e humanos, de um tipo de método pelo qual o entendimento da natureza física se torne imprescindível (método de observação, teoria como hipótese e teste experimental).

Da mesma forma que as teorias do conhecimento desenvolvidas anteriormente à existência da pesquisa científica não constituem um modelo para uma teoria do conhecimento fundamentada na conduta de pesquisa ora vigente, os sistemas antigos refletem visões pré-científicas do mundo natural e do estado pré-tecnológico da indústria e pré-democrático da política do período quando da fundamentação de suas doutrinas. As verdadeiras condições de vida na Grécia, especialmente em Atenas, quando a filosofia europeia clássica foi formulada, isolaram de forma áspera o fazer e o saber, causando uma separação completa entre a "teoria" e a "prática". Essa separação afetou, naquele momento da humanidade, a organização econômica na qual a mão de obra "útil" era constituída por uma maioria de escravos, o que desobrigava os homens livres de qualquer trabalho. Claro é que tais acontecimentos são pré-democráticos. Contudo, em termos políticos, os filósofos admitiam a separação da teoria e da prática bem antes que ferramentas e processos advindos de organizações industriais se tornassem fontes indispensáveis na condução de observações e experiências essenciais ao conhecimento científico.

Também fica claro que um importante aspecto da reconstrução ora em demanda está associado à teoria do conhecimento. Nela, faz-se imperativa uma mudança radical sobre o tema no qual deve ser baseada; a nova teoria irá considerar como o conhecimento (ou seja, uma investigação competente) é executado, em vez de supor que deve ser lapidado de acordo com concepções independentes que dizem respeito às faculdades de órgãos. Enquanto a substituição da "inteligência" pela "razão" é um componente importante para essa mudança radical, a reconstrução não se restringe a um tema específico. As chamadas teorias "empíricas" do conhecimento, embora rejeitando a posição da escola racionalista, operavam em termos daquilo que julgassem ser uma faculdade de conhecimento necessária e suficiente, adaptando a teoria do conhecimento a suas crenças pré-formadas a respeito da "percepção sensitiva" em vez de extrair sua opinião dos fatos ocorridos durante a pesquisa científica.[2]

Deve-se ter em conta que, nos parágrafos anteriores, não tratamos as críticas adversas que nos foram dirigidas com o objetivo de dar-lhes réplica, e sim, em primeiro lugar, com o objetivo de considerá-las demonstrações do quão premente é a necessidade

2 A evidente insuficiência de teorias psicológicas a esse respeito desempenhou um papel no desenvolvimento do formalismo já notado. Em vez de usar tal insuficiência como base para reconstruir a teoria psicológica, a visão defeituosa foi oferecida como psicologia e assim foi utilizada como base para uma teoria "lógica" do conhecimento que impediu inteiramente quaisquer referências às formas reais em termos de avanço do conhecimento.

de reconstrução e, em segundo lugar, de onde tal reconstrução se torna necessária. Nenhuma filosofia verdadeiramente significativa para as condições de hoje, as quais, por sua vez, fornecem os materiais das questões e problemas filosóficos reais, lograra crescer e desenvolver-se, exceto se, em seu trabalho reconstrutivo, levasse seriamente em conta as indicações de onde e como os sistemas do passado clamam por reconstrução no presente.

II

Afirma-se comumente que a filosofia tem suas origens nos negócios humanos, e que sua finalidade a eles está relacionada. Está implícita nesta asserção uma visão mais avançada, a saber: enquanto o reconhecimento deste fato é condição *sine qua non* da reconstrução ora exigida, tal reconhecimento, no entanto, significa mais do que o argumento de que a filosofia deva, no futuro, estar ligada às crises e tensões na condução dos problemas humanos. Acredita-se que na realidade, mesmo que não declaradamente, todos os grandes sistemas da filosofia ocidental tiveram tal motivação e dela se ocuparam. Seria absurdo sustentar que tais sistemas sempre tiveram plena consciência das questões em que estavam envolvidos. Os sistemas do passado consideraram-se e apresentaram-se ao público como tendo por objeto alguma coisa que alternativamente era designada como Ser, Natureza ou Universo, o Cosmos em sentido lato, Realidade, a Verdade. Quaisquer que fossem as denominações, um traço comum as unia: eram empregadas para denotar algo fixo, imutável, e, portanto, fora do tempo, ou seja, eterno. Igualmente pensou-se que, por ter sido concebido como universal, ou totalmente inclusivo, tal ser eterno estava acima e além de todas as variações no espaço. Neste ponto, os filósofos refletiam, de forma generalizada, as crenças populares em vigência numa época em que se julgava que os acontecimentos davam-se no espaço e no tempo como seus correspondentes envoltórios. Todos sabem que os homens que iniciaram a revolução no domínio das ciências naturais julgavam o espaço e o tempo como independentes um do outro, bem como também das coisas que existiam e dos acontecimentos que decorriam em seu meio. Uma vez que a aceitação de entidades subjacentes – das quais são exemplos: o espaço, o tempo e os imutáveis átomos – dominava a ciência "natural", não é de admirar que tal pressuposto constituísse, de forma mais generalizada, os alicerces sobre os quais a filosofia viria a erguer sua estrutura. As doutrinas filosóficas que discordavam virtualmente acerca de tudo eram, no entanto, concordes nesse ponto, ou seja, em admitir que à filosofia, enquanto tal, competia a busca do que é imutável e fundamental sem a preocupação com o temporal ou espacial. Nesse estado de coisas, vigente na esfera da ciência natural, bem como nos padrões e princípios morais, foi recentemente acrescida a descoberta de que a ciência natural, à mercê de seu próprio desenvolvimento, é forçada a abandonar a hipótese do absoluto e a admitir que o que para ela é realmente "universal" é o processo; contudo, este fato da ciência moderna permanece até o presente momento, quer na filosofia, quer na opinião popular, como uma questão de caráter técnico, em vez do que ele realmente é, ou seja, a descoberta mais revolucionária já feita.

A suposição de que a moral exige princípios, padrões, normas e fins imutáveis e extratemporais, como a única e eficaz proteção contra o caos moral, não mais pode, entretanto, apelar para a ciência natural em busca de apoio, nem esperar justificar por meio da ciência a pretensão de isentar a moral (na teoria e na prática) de considerações temporais e espaciais – isto é, dos processos de mudança. A reação emocional – ou sentimental – continuará, sem dúvida, a se opor ao reconhecimento deste fato, e recusará o emprego na moral do ponto de vista e da perspectiva já instalados na ciência natural. De qualquer forma, a ciência natural e a moral tradicional sempre estiveram em conflito quanto ao tipo de coisas que, segundo uma e outra, são imutáveis. Advém deste conflito o profundo e intransponível abismo entre a proposição natural da ciência e a proposição extranatural ou supranatural da moral. Deve haver muitas pessoas sensatas que ficam tão preocupadas com as consequências inevitáveis desta cisão que acabam por aceitar, de bom grado, esta mudança de pontos de vista que colocam a serviço da prática e da teoria moral os métodos e conclusões da ciência natural. Para tanto, basta admitir a opinião de que a moral é também qualificada espacial e temporalmente. Atendendo ao presente estado controvertido da moral e sua perda de prestígio junto às camadas populares, o sacrifício exigido não deveria constituir qualquer tipo de ameaça para aqueles que não são movidos por interesses institucionais fixos. Quanto à filosofia, sua profissão de operar com base no eterno e imutável é o que lhe confere uma função e um objeto, os quais, mais do que qualquer outra coisa, constituem a razão de seu crescente menosprezo popular e da falta de confiança em suas pretensões. Com efeito, a filosofia opera protegida por aquilo que é atualmente repudiado pela ciência, escorando-se apenas em antigas instituições cujo tripé – prestígio, influência e vantagens de poder – depende da preservação da antiga ordem; e isto justamente no tempo em que as condições humanas são tão conturbadas e instáveis que exigem, com mais urgência do que no passado, algo como aquela visão abrangente e objetiva na qual as filosofias históricas se empenharam. Para os interesses dominantes, a manutenção da crença na transcendência do espaço e do tempo, e, portanto, a depreciação de tudo aquilo que é "meramente" humano, constitui pré-requisito indispensável da retenção, por parte destes, de uma autoridade que, na prática, se traduz no poder de regular as questões humanas.

Todavia, existe uma universalidade relativa e relacional. As condições reais da vida humana, bem como suas situações peculiares, diferem entre si, em larga escala, no que tange à compreensão em âmbito e profundidade de discernimento. Para o entendimento disso, não se faz necessário depender de uma teoria já totalmente explorada pela ciência, que admita uma supervisão exercida por forças externas e superiores que tenham sido ou que venham a ser impulsionadas por si mesmas. Pelo contrário: a teoria começou a contar e ter importância na astronomia, na física e na fisiologia, em seus múltiplos e variados aspectos científicos, precisamente quando a atitude dogmática foi substituída pelo uso de hipóteses na condução de observações experimentais, com a finalidade de concatenar fatos concretos em sistemas de crescente extensão tempo-espaço. A universalidade que compete às teorias científicas não é aquela inerente a um conteúdo fixado por Deus ou pela Natureza, mas a do âmbito de aplicabilidade – da capacidade de retirar eventos aparentemente isolados de forma a ordená-los em sistemas que (como é o caso do que ocorre com todos os seres vivos) provem sua qualidade vital pelo tipo de mudança que se denomina crescimento. Do ponto de vista da pesquisa científica, nada é mais fatal ao seu direito de ser aceita do que a pretensão de considerar que suas conclusões são finais, e que, assim, são incapazes de se desenvolverem em outro sentido que não seja o da extensão meramente quantitativa.

Enquanto me ocupava em escrever esta Introdução, recebi um exemplar de uma recente conferência de distinto cientista britânico. Falando especificamente de ciência, ele pondera: "A descoberta científica é frequentemente depreciada como se fosse a criação de algum novo conhecimento a ser acrescentado ao grande corpo dos conhecimentos antigos. Isto é válido no caso das descobertas estritamente triviais. Não corresponde, no entanto, à verdade, como no caso das descobertas fundamentais, tais como as das leis da mecânica, das combinações químicas, e da evolução (entre outras), das quais depende, fundamentalmente, o progresso científico. Estas sempre impõem a destruição ou a desintegração do velho conhecimento antes que o novo possa ser criado"[3]. Prosseguindo, aponta o cientista exemplos específicos da importância de lançar para fora dos trilhos, para onde o pesado braço do costume procura empurrá-las, todas as formas de atividade humana, sem excluir a investigação intelectual e científica: "Não foi por acaso que o conhecimento das bactérias se deve a um engenheiro de minas; que o oxigênio foi isolado por um pastor Unitarista; que a teoria da infecção foi descrita por um químico; que a teoria da hereditariedade, por um professor de uma escola monástica; e que a teoria da evolução, por um homem considerado inapto para ministrar aulas na universidade, fosse em botânica ou em zoologia". E conclui: "Precisamos de um Ministério da Inquietação, de um manancial regularizador de aborrecimentos, de um destruidor da rotina, de um sabotador da complacência". A rotina do costume tende a amortecer inclusive a investigação científica, colocando-se no caminho da descoberta e do pesquisador ativo. Com efeito, descoberta e pesquisa são palavras sinônimas quando significam ocupação. A ciência é uma busca, não uma conquista do imutável. Novas teorias que traduzem diferentes pontos de vista são mais apreciadas do que descobertas que representam acréscimo quantitativo do que temos à mão. É relevante para o tema do domínio

3 C. D. Darlington, *Conway Memorial Lecture on The Conflict of Society and Science* (London: Watts & Co., 1948); os itálicos não estão no texto.

exercido pelo costume que o conferencista tenha afirmado que os grandes inovadores nas ciências "são os primeiros que temem suas descobertas e delas duvidam".

Aqui, estou particularmente interessado na aplicação do que se disse acerca dos homens de ciência e sua relação com a filosofia. A linha divisória entre o que é hipótese para a ciência e especulação (geralmente em tom de menosprezo) para a filosofia é tênue e imprecisa no início de novos movimentos – daqueles que são colocados em contraste com "aplicações e desenvolvimentos da técnica", via de regra, toda vez que uma nova e revolucionária perspectiva logra ser aceita. Vistas em seus respectivos contextos culturais, as "hipóteses" aventadas por homens hoje admirados como grandes filósofos diferem das "especulações" dos homens que introduziram importantes (e "destrutivas") inovações na ciência, pelo fato de abrangerem um maior campo de referência e de possível aplicação, como também por não as aclamarem como "técnicas", mas sim como profundamente humanas. Por ora, é difícil predizer se o novo modo de encarar as coisas e delas cuidar dará origem a um tema da ciência ou da filosofia. Mais tarde, a classificação é geralmente feita com relativa facilidade. É um tema da "ciência" se e quando seu campo de aplicação é tão específico e limitado, que a passagem para ela seja comparativamente direta, a despeito do alvoroço emocional suscitado pelo seu aparecimento, como sucedeu, por exemplo, com a teoria de Darwin. Denomina-se "filosofia" quando sua área de aplicação é tão abrangente de forma que não haja possibilidade de ela se enquadrar diretamente em formulações de conteúdo e forma tais que possam ser aproveitáveis na conduta imediata da pesquisa científica. Este fato não significa que seja inútil; pelo contrário, as condições culturais da época eram tais que realmente bloqueavam o caminho do desenvolvimento de hipóteses capazes de imprimir direção a observações e experimentações específicas e concretas, a ponto de constituírem "ciência". Conforme atesta claramente a história da pesquisa científica, foi durante o período "moderno" que a pesquisa tomou a forma de discussão, que, no entanto, não era inútil ou ociosa, cientificamente falando, haja vista que, como se deduz da etimologia da palavra, tal discussão foi uma sacudidela, um impulso que afrouxou os fortes vínculos do poder que a antiga cosmologia exercia sobre a ciência. Este período de discussão, juntamente com a liberdade que o acompanhou, assinala a época em que se processou a gradativa passagem do que então se classificava de "filosofia" para o que hoje atingiu a categoria de "ciência".[4] O que chamamos de "clima de opinião" é mais do que uma questão de opiniões; é, em verdade, um assunto referente a hábitos culturais que determinam atitudes não só de ordem intelectual, mas também de ordem emocional e volitiva. O trabalho feito pelos homens cujos nomes hoje figuram na história da filosofia, mais do que na da ciência, desempenhou importante papel ao propiciar um clima favorável à iniciação do movimento científico do qual resultaram a astronomia e a física que mudaram a antiga cosmologia ontológica.

Não é preciso ser profundamente erudito para estar ciente de que, naquela época, esta nova ciência foi tida como heresia em relação à religião e à moral, esta última tão associada à religião na Europa Ocidental. Ataques idênticos se seguiram à revolução da biologia que se iniciou no século XIX. A história prova que as discussões, devido à amplitude e à profundidade com que foram produzidas, não atingiram a riqueza de minúcias características da ciência, mas realizaram um trabalho sem o qual a ciência não seria o que é atualmente.

III

A IMPORTÂNCIA DA DISCUSSÃO PRECEDENTE NÃO RESIDE, CONTUDO, NA REFERÊNCIA AO VALOR DAS DOUTRINAS FILOSÓFICAS DO PASSADO, MAS SIM NO FATO DE SALIENTAR A NECESSIDADE DE RECONSTRUÇÃO DA FUNÇÃO E DO CONTEÚDO DA FILOSOFIA, COM A FINALIDADE DE QUE ESTA VENHA A POSSUIR, NOS DIAS DE HOJE, A VITALIDADE QUE AS FORMULAÇÕES DAS ÉPOCAS PASSADAS POSSUÍAM. Os fatos ocorridos na alvorada da história da ciência foram suficientemente sérios para serem considerados como "conflitos entre ciência e religião". Entretanto, o alcance de tais fatos é circunscrito

4 Interessante lembrarmos que Newton foi considerado "filósofo" da divisão entre um assunto classificado como "natural" em oposição ao metafísico e moral. Mesmo entre seus seguidores, suas incongruências em relação a Descartes foram tratadas como assuntos não pertencentes à física, mas à "filosofia natural".

quando em confronto com o que vem acontecendo atualmente, devido à interferência cada vez mais generalizada da ciência na vida. O alcance e a pressão do estado de coisas criado pela ciência atingem gravemente todos os aspectos da vida contemporânea, a começar pela família e a situação das mulheres e crianças, passando pela conduta e pelos problemas educacionais, pelas belas-artes e pelas artes industriais, até chegar às relações políticas e econômicas de caráter nacional e internacional. Tão variadas e múltiplas são as transformações que ocorrem com tamanha rapidez, que não se prestam à definição em termos gerais. Além disso, quando ocorrem, apresentam tantos e tão severos problemas de ordem prática a exigirem imediata atenção, que o homem, ao encará-los, um por um, se sente tão pressionado que não encontra tempo para levar adiante qualquer observação generalizada ou inteligente desses mesmos problemas, que vieram a nós, de surpresa, como gatunos noite adentro, e pegaram-nos desprevenidos.

A condição *sine qua non* para a reconstrução será, pois, a de conseguir uma hipótese que explique a maneira como esta mudança tão grande ocorreu – e com tanta amplitude, profundidade e rapidez. A hipótese aventada neste livro é que as desordens, consideradas em conjunto, e que constituem a crise no meio da qual o homem se encontra em todas as regiões do planeta, devem-se à introdução, no concernente aos problemas cotidianos da vida, de processos, materiais e interesses gerenciados pelos pesquisadores da física em suas técnicas, mais ou menos isoladas e remotas, conhecidas pelo nome de laboratórios. Não é mais a questão de distúrbio nas crenças e práticas religiosas, mas de desordem e perturbação em todas as instituições criadas alguns séculos antes do advento da ciência moderna. O "conflito" anterior não terminou com a vitória total de nenhum dos competidores, mas com um compromisso recíproco, ao sabor do qual estão circunscritas as áreas de operações e jurisdições, ficando a cargo das instituições antigas, em suas formas virtualmente inalteráveis, a supremacia em assuntos éticos e ideais. À medida que as aplicações da nova ciência provavam seu benefício em muitos setores da vida prática, a nova ciência física foi sendo tolerada sob a condição de tão somente se ocupar das questões materiais inferiores, sem inserções nos "reinos" superiores e espirituais do Ser. Este "acordo", obtido graças ao artifício da divisão mencionada sob jurisdição, deu origem aos dualismos que constituem a mais grave preocupação da filosofia "moderna". Na evolução dos fatos, que atingiu o ápice na geração passada, o acordo sobre essa divisão de territórios e jurisdições ruiu completamente na prática. Tal fracasso fica evidente na atual campanha – agressiva e vigorosa – movida pelos que aceitam a divisão entre o "material" e o "espiritual", mas que, simultaneamente, sustentam que os representantes da ciência natural, não se mantendo dentro dos limites que lhes pertenciam, usurparam na prática, e, com frequência na teoria, o direito que as autoridades "superiores" possuíam de determinar atitudes e modos de comportamento. Da opinião desses críticos resultou o presente cenário de desordem, de insegurança e de incerteza, com seu inevitável seguimento de conflitos e angústias.

Minha proposta, aqui, não é de argumentar diretamente contra esta opinião. Talvez ela possa inclusive ser acolhida com agrado, contanto que a compreendamos dentro do propósito de reconstruir a filosofia como indicação do ponto em que o problema se concentra. E digo isto porque ela aponta, por contraste, a única direção que, nas condições existentes, se encontra aberta, tanto moral como intelectualmente. Os que afirmam que a ciência é a fonte e a origem dos graves e inegáveis males do presente chegam à conclusão de que ela precisa ser submetida a uma "autoridade" institucional superior. A alternativa é uma reconstrução generalizada, de tal modo fundamental que deva ser desenvolvida pelo reconhecimento de que, sendo os males presentes resultantes da inserção da ciência em nossos modos de viver, tornam-se os mesmos inegáveis perante o fato de não havermos envidado esforços sistemáticos que subjazam os antigos costumes da crítica e do questionamento na ciência. Daí o trabalho reconstrutivo que à filosofia compete executar. Cabe-lhe o empreendimento de realizar, em prol do desenvolvimento dos processos de pesquisa, na esfera dos problemas humanos, e, por conseguinte, na esfera da moral, o mesmo que os filósofos dos séculos remotos fizeram pelo progresso do questionamento científico no campo das condições e dos aspectos físicos e fisiológicos da vida humana.

Esta opinião sobre o que a filosofia necessita para tornar profícua a resolução dos problemas humanos contemporâneos e, ao mesmo tempo, recuperar a vitalidade que gradativamente vai perdendo, não está interessada em negar que o ingresso da ciência nas atividades e nos interesses humanos comporte sua fase destrutiva. Com efeito, o ponto de partida da opinião aqui apresentada a respeito da necessidade de reconstrução da filosofia é que tal entrada, tal qual invasão hostil no domínio das instituições antigas, é o principal fator da criação da atual condição do homem. E, embora o ataque dirigido à ciência, como parte responsável e culpada, se caracterize por extrema unilateralidade na ênfase que coloca em sua ação destruidora, bem como no menosprezo manifesto sobre muitos e grandes benefícios por ela prestados aos homens, ainda assim temos de reconhecer que não podemos nos desfazer da controvérsia mediante a elaboração de um balanço de perdas e ganhos humanos, com a finalidade de provar que estes últimos predominam.

Em verdade, a questão é muito mais simples. A premissa sobre a qual se baseia o presente ataque à ciência é que os velhos costumes institucionais, incluindo suas crenças, proporcionam critério adequado e realmente conclusivo para julgamento do valor das consequências advindas da estonteante entrada em cena da ciência. Os que mantêm essa premissa recusam-se sistematicamente a notar que a ciência tem um parceiro na formação de nossa situação crítica. Basta voltar os olhos aos fatos para que se verifique como a ciência, em vez de operar sozinha e num vácuo, opera dentro de uma situação institucional desenvolvida em dias pré-científicos, situação não modificada pela pesquisa científica relativa aos princípios morais em que se tenham então baseado ou, supostamente, que lhe eram adequados.

Um simples exemplo mostra o erro e a distorção resultantes de se considerar a ciência isoladamente. O uso destrutivo advindo da fissão do núcleo de um átomo deu origem a um verdadeiro arsenal de ataques à ciência. O que se ignora a ponto de ser negado é que esta consequência destrutiva ocorreu não só durante uma guerra, mas por causa da existência da guerra, e esta, como instituição, antecede, milhares de anos, o aparecimento, no cenário humano, de qualquer coisa que de longe lembre a pesquisa científica. Que, neste caso, as consequências destrutivas devem-se diretamente a condições institucionais preexistentes é deveras óbvio para necessitar de argumentos. Não prova que tal seja o caso em toda parte e em qualquer tempo, mas decerto nos deixa de sobreaviso contra o dogmatismo irresponsável e indiscriminado ora corrente. Aconselha-nos a que recordemos as condições não científicas sob as quais a moral, tanto no sentido prático quanto teórico do vocábulo, ao chamar a atenção para um fato que não pode ser negado, mas que é sistematicamente ignorado, não é o propósito (fútil, porque totalmente irrelevante) de justificar o trabalho dos pesquisadores científicos em geral ou em casos particulares. O que vale é, na verdade, chamar a atenção para um fato de excepcional importância intelectual. O desenvolvimento da pesquisa cientifica é, por ora, imaturo; ainda não foi além dos aspectos físicos e fisiológicos dos interesses humanos. Por conseguinte, produz efeitos parciais e exagerados. As condições institucionais nas quais a pesquisa se insere, e que determinam suas consequências humanas, ainda não foram submetidas a quaisquer indagações sérias e sistemáticas, realmente merecedoras de receberem a designação de "científicas".

A influência deste estado de coisas sobre a situação atual da filosofia e sobre a reconstrução que deveria ser realizada é o tema e a tese desta Introdução. Antes de abordar diretamente o tema, direi algumas palavras concernentes à atual situação da moral: termo este que, salientemos, tanto pode significar moralidade como fato sociocultural prático ligado a questões relativas à justiça e à injustiça, ao bem e ao mal, como pode representar teorias sobre fins, padrões e princípios em conformidade com os quais deva ser analisado e julgado o atual estado de coisas. Vejamos: o caso é toda e qualquer pesquisa em domínio amplo e profundamente humano que invade abruptamente a área específica da moral. Isso acontece quer com o propósito deliberado de fazê-lo, quer de forma consciente ou não. Quando a teoria "sociológica" deixa de levar em consideração os interesses e assuntos básicos, os objetivos verdadeiramente dinâmicos da cultura humana, sob o pretexto de implicarem "valores", e igualmente sob o pretexto de que a pesquisa enquanto "científica" nada tem a ver com valores, temos, como consequência inevitável, a pesquisa da área humana confinada ao que seja superficial e relativamente trivial, pouco importando o aparato técnico. Por outro lado, se e quando a pesquisa, imbuída de senso crítico, tenta adentrar nas questões essencialmente humanas, a ela se opõe todo um complexo de preconceitos, tradições e hábitos institucionais, que se consolidaram e solidificaram numa era anterior à científica. Pois se trata de redundância, não o anúncio de uma descoberta ou de uma inferência, mas proclamar que a moral, no duplo sentido da palavra, é anterior à era científica, quando, como sabemos, foi formada em período anterior ao advento da ciência, da forma como hoje é entendida e praticada. E quando as relações humanas concretas são profundamente alteradas pela ciência, o não científico equivale a opor-se à formação de metodologias de pesquisa dentro da esfera moral, de forma a tornar a moral existente – ainda no duplo sentido do vocábulo – anticientífica.

O caso seria relativamente simples se estivéssemos já de posse do ponto de vista intelectual, da perspectiva, ou daquilo que a filosofia denominou "categorias", capazes de servir de meios ou de instrumentos de pesquisa. No entanto, supor que temos estes meios em mãos é o mesmo que supor que o desenvolvimento intelectual (que reflete uma situação anterior à científica de relações, anseios, interesses e fins humanos) se adapta a uma situação humana que é, em grande parte e cada vez mais, o resultado da nova ciência. Em outras palavras, isso equivaleria a aceitar que o estado atual de instabilidade e incerteza perdurasse. Caso as afirmações já mencionadas sejam entendidas no sentido exato que as inspirou, a visão aqui proposta sobre a reconstrução da filosofia forçosamente prevalecerá. Segundo o critério aqui preconizado, a reconstrução pode ser nada menos que o trabalho de desenvolver, formar e produzir (no sentido literal da palavra) os instrumentos intelectuais que progressivamente conduzirão a pesquisa ao âmbito dos fatos mais profundos e particularmente humanos, ou seja, ao âmbito dos fatos atuais.

O primeiro passo, requisito *sine qua non* para os passos seguintes na mesma direção geral, será o de reconhecer que a atual conjuntura humana, em termos reais, no concernente ao bem e ao mal, e para o benefício de todos, é o que é devido à inserção, no cotidiano, de modos e hábitos oriundos do questionamento da física. As metodologias e conclusões da "ciência" não ficaram limitadas dentro da "ciência". Mesmo aqueles que concebem a ciência como entidade fechada em si, independente e isolada, não podem negar que, na prática, tal fato não acontece. Encarar a ciência como entidade é um fator advindo da mitologia animista, tal como fazem aqueles que a consideram como fonte e origem dos males atuais da humanidade. A ciência que adentrou tão profundamente nos afazeres e problemas reais da vida humana é ciência parcial e incompleta: competente no domínio das condições físicas, e agora em via de aumentar sua competência no campo das condições fisiológicas (conforme verificado nas recentes conquistas da medicina e da saúde pública), mas inexistente no que tange aos assuntos de supra importância para o homem – assuntos que são do homem, para o homem e pelo homem. Seja qual for a maneira inteligente de encarar e compreender a situação atual do homem, não se deixará de observar a extraordinária ruptura produzida na vida pela incompatibilidade radical entre operações que manifestam e perpetuam a moral de uma era pré-científica e operações que, repentinamente, e com enorme rapidez e intenso poder de infiltração, foram determinadas por uma ciência que ainda é parcial, incompleta e necessariamente unilateral em sua atuação.

IV

Nas considerações precedentes, mais de uma vez fizemos referência ao trabalho realizado pelos filósofos, nos séculos XVII, XVIII e XIX, com a finalidade de remover do terreno os detritos da cosmologia e da ontologia que haviam sido absorvidos emocional e intelectualmente pela estrutura da cultura ocidental. Não foi nossa intenção creditar aos filósofos as pesquisas específicas que progressivamente revolucionaram ciências como astronomia, física (incluindo química) e fisiologia. Registramos como assunto pertinente à história que a fisiologia desempenhou um trabalho que, em vista da cultura e do costume aceitos, representou indispensável prerrogativa daquilo que os homens da ciência realizaram. Cabe a isto acrescentar, com referência à importância desta obra para a reconstrução da filosofia, que, ao empreenderem suas tarefas, os homens de ciência conseguiram arquitetar uma metodologia de pesquisa, de forma ampla, extensa e universal. Essa metodologia veio a constituir um padrão e modelo que permitia, convidava, e até mesmo exigia aquela espécie de formulação geral adequada à função filosófica. O novo método de conhecimento é funcionalmente autocorretivo, aprendendo tanto com os fracassos como com os sucessos. O âmago do método é a descoberta da identidade da pesquisa por meio da própria descoberta. No âmbito das atividades especializadas e relativamente técnicas da ciência natural, esta função de descoberta, de revelar o novo e abandonar o velho, é plenamente aceita. Sua correspondente aplicação a todas as demais formas de atividades intelectuais está, no entanto, muito longe de ser admitida por todos que, em matérias consideradas à parte, como "espirituais", "idealistas" e caracteristicamente morais, ficam chocados com o simples pensamento do uso da metodologia científica como algo perfeitamente natural em suas ocupações especializadas. É notório o fato de que a descoberta, quando prática e científica, tem como correspondente a *invenção*, e que em muitos dos aspectos físicos das questões humanas há, inclusive no presente, um método generalizado para a invenção das invenções. Naquilo que é distintivamente humano, a invenção raramente ocorre e, se e quando ocorre, deve-se à pressão imposta. Nos assuntos verdadeiramente humanos, nas relações de maior extensão e profundidade, a simples ideia de invenção suscita medo e inspira horror, sendo considerada nociva e perigosa. Tal fato, importante, mas raramente considerado, e que é decorrente da própria natureza e essência da moral enquanto tal, não só prova a necessidade de levar a efeito a reconstrução, como também dá relevo às dificuldades que se erguem contra as tentativas de a conduzir a bom termo.

O acordo que finalmente moderou, mas sem totalmente exorcizar, a quebra anterior entre a ciência e os hábitos e costumes institucionalizados e aceitos foi uma trégua, e não exatamente uma integração de abordagens. Consistiu, de fato, um artifício que foi precisamente oposto à integração. Operou na base de uma separação rígida e rigorosa dos interesses, preocupações e fins da atividade humana nos dois "reinos", ou melhor, por um uso curioso da linguagem, em duas "esferas" – e não em hemisférios. Convencionou-se que uma delas seria "elevada", "superior", e, consequentemente, plena de jurisdição suprema sobre a outra, considerada "baixa": a primeira, a elevada, recebeu o nome de "espiritual", "ideal", e foi identificada com a moral; a segunda era a "física", conforme determinada pelos processos da nova ciência da natureza. Sendo baixa, era material; seus métodos se ajustavam somente ao que pertencia à matéria e ao mundo da percepção sensível, não ao da razão e da revelação. De maneira relutante, a nova ciência natural teve acesso a um campo de ação, sob a condição de só atuar dentro dos limites de tal campo, cuidando apenas do que lhe fora permitido. Daí redundou, para a filosofia, uma infinidade de dualismos que, em termos gerais, constitui os "problemas" da então "moderna" filosofia, um reflexo das condições culturais que determinaram essa ruptura fundamental entre o mundo moral e o físico. Essa ruptura, na realidade, importou na tentativa de obter as vantagens práticas das facilidades, do conforto, da conveniência e do poder, resultantes da "aplicação" da nova ciência aos problemas comuns da existência, sem perturbar e, na verdade, deixando intacta a autoridade suprema dos velhos postulados em matéria da alta moral denominada "espiritual". As vantagens materiais e utilitárias da nova ciência, mais do que qualquer abordagem do reconhecimento intelectual da nova metodologia – para nada dizer sobre a moral – passaram a ser as mais seguras aliadas dos homens que haviam concebido o novo método revolucionário de tudo quanto era tido como explicação científica da natureza como o cosmos.

A trégua durou algum tempo. Mas o equilíbrio por ela oferecido era decididamente instável. Aqui encontramos a aplicação de um provérbio sobre alguém que queria guardar um bolo e mantê-lo intacto depois de o ter comido. Essa trégua representava o esforço para aproveitar as vantagens materiais, práticas e utilitárias da nova ciência, ao mesmo tempo em que se resguardavam de seu impacto os velhos hábitos institucionais – entre os quais se incluíam os da crença – aceitos como sendo os alicerces de normas e princípios morais. Obviamente, tal situação não poderia ser mantida. De modo geral, e sem propósitos deliberados (embora houvesse considerável estímulo premeditado por parte do grupo de pensadores com ideias filosóficas "de vanguarda"), as consequências advindas dos empregos atribuídos à nova ciência foram-se projetando sobre as atividades e os valores nominalmente reservados ao "espiritual". O resultado desse embate constitui o que é denominado de mundano, um movimento que, à medida que se expandia, era julgado como um sacrilégio a profanar o elemento sagrado do espiritual. Mesmo nos dias de hoje, muitos homens que não se encontram de alguma forma identificados com as velhas instituições eclesiásticas, ou com a metafísica a elas associada, falam desse elemento mundano com pesar, quando não na obrigação de pedir desculpas. Todavia, a oportunidade para uma generalização verdadeira da metodologia – e do espírito – da ciência enquanto pesquisa, que forçosamente leva a descobertas pelas quais velhas atitudes e conclusões intelectuais caem frequentemente diante de outras, diferentes e novas, reside exatamente na averiguação e na descoberta de como dar aos fatos mundanos a forma, o conteúdo e a autoridade nominalmente atribuídos à moral, no entanto não mais exercidos efetivamente pela moral que herdamos de eras pré-científicas. A realidade desta perda de autoridade manifesta-se não apenas no renascimento presente da velha doutrina sobre a desmoralização inerente à natureza humana, desmoralização que implicaria a perda de autoridade da velha moral, como também se evidencia no pessimismo generalizado quanto ao futuro da humanidade. Essas dúvidas são pertinentes enquanto se considerarem os costumes institucionais de uma era pré-científica, tanto em relação à ação quanto em relação à crença, elementos supremos e imutáveis. No entanto, tais dúvidas também podem ser expressas para significar um desafio para que se desenvolva uma teoria da moral que forneça orientação intelectual positiva ao homem na tarefa de sua conduta prática – quer seja, verdadeiramente eficaz –, que permita ao homem a utilização dos recursos que se encontrem disponíveis, e não apenas eliminar a confusão, mas estabelecer, em escala superior a qualquer outra do passado, a ordem e a segurança nas atividades e nos interesses da vida humana.

Três elementos estão bem concatenados nas queixas e declarações atualmente mais ouvidas. São eles: (1) o ataque à ciência natural; (2) a doutrina segundo a qual o homem é tão corrupto por natureza, que se torna impossível formular uma moral que atue em favor da estabilidade, da equidade e da (verdadeira) liberdade, sem recorrer a uma autoridade extra-humana e extranatural; (3) a pretensão, aventada pelos representantes de determinada espécie de organização institucional, de serem os mais capazes de realizar as tarefas consideradas necessárias. Não faço menção destes fatos no intuito de submetê-los à crítica direta, mas por entender que revelam uma posição tão generalizada que não há como não ver a possibilidade de se reorientar a filosofia, a fim de que ela se liberte do julgamento que a aponta como irrelevante. E, por contraste abrupto, ela indica a outra direção na qual a filosofia pode seguir: aquela do projeto sistemático para ver e afirmar o significado construtivo para o futuro da humanidade, que advém da revolução primordialmente efetuada pela nova ciência, contanto que, de maneira sábia e resoluta, desenvolvamos um sistema de crenças-atitudes, ou, em outras palavras, uma filosofia estruturada com base nos recursos ora sob nosso domínio.

A questão suscitada pelo ataque à nova ciência e seus resultados pela absoluta condenação da natureza humana, e pelo apelo à reimplatação, sem restrições, da autoridade de instituições medievais, resume-se meramente em saber se devemos caminhar para frente, numa direção possibilitada pelos novos recursos, ou se devemos considerar esses recursos tão intrinsecamente indignos de confiança, que os tenhamos de colocar sob controle, sujeitando-os a uma autoridade que reivindique ser extra-humana ou extra-natural – entendendo-se por "natural" o que for determinado pela pesquisa científica. O impacto da percepção sistemática desta dualidade de direções da filosofia torna óbvio que o que chamamos de "moderno" está, ainda, em estado embrionário. Suas lutas confusas e incertezas instáveis refletem a mescla do antigo e do novo, entre si incompatíveis. O genuinamente moderno ainda não existe. A tarefa de produzi-lo não cabe à filosofia e nem é de responsabilidade dela. Tal tarefa só pode ser levada a cabo, e por tempo indefinido, mediante decisões conjuntas de homens e mulheres de boa vontade, vindos das diversas profissões. Não há qualquer pretensão absurda de que filósofos, cientistas ou outras pessoas formem um sacerdócio sagrado, incumbido de realizar tal tarefa. Mas, assim como os filósofos dos últimos séculos executaram um trabalho eficiente e necessário ao fomento do questionamento físico, cabe agora a seus sucessores a oportunidade e o desafio de realizarem tarefa semelhante quanto ao fomento do questionamento moral. As conclusões de tais questionamentos não serão, certamente, as mais perfeitas para a formulação de uma teoria moral completa, ou para a elaboração de uma ciência operante, de fundo distintamente humano, do que o foram as dos seus predecessores quanto às condições físicas e fisiológicas da existência humana. Também não criaram uma ciência completa da física ou da fisiologia. Do mesmo modo, os novos pesquisadores virão também prestar sua contribuição ao trabalho de construção de uma ciência moral humana, que atue como uma necessária precursora da reconstrução do estado atual da vida humana, em busca da ordem e de outras condições de vida mais rica de plenitude do que qualquer outra que o homem tenha até hoje vivido.

A exposição sistemática de filosofias do "como", "onde" e "por que", apropriadas às condições antigas e medievais e àqueles poucos séculos que se passaram desde o aparecimento da ciência natural no cenário humano, é tão irrelevante para ser obstrutiva em interações intelectuais no cenário presente, constituindo um verdadeiro desafio intelectual. Como já demos a entender, a reconstrução não é algo que venha a ser realizado mediante a descoberta de faltas ou por queixas constantes. É um trabalho estritamente intelectual que requer a melhor educação possível em relação às associações de sistemas passados com as condições culturais que estabelecem seus problemas, e o conhecimento de uma ciência moderna diferente daquelas de exposições "populares". E este aspecto negativo do esforço intelectual, a ser desenvolvido, envolve necessariamente a exploração sistemática dos valores pertencentes ao que é genuinamente novo nos movimentos científicos, tecnológicos e políticos do passado imediato e do presente, quando libertados dos hábitos formados num período científico, pré-tecnológico-industrial e politicamente pré-democrático.

Hoje, vemos sinais de uma tendência crescente de revolta contra a opinião que sustenta que a ciência e a nova tecnologia são culpadas pelos males atuais. Admite-se que ambas, enquanto meios, são tão poderosas a ponto de nos dar recursos de valor novos. Mas o que faz falta, dizem, é uma renovação moral igualmente eficiente, que se sirva desses meios para fins genuinamente humanos. Essa atitude é certamente uma grande melhora sob um mero ataque à ciência e à tecnologia na tentativa de submetê-las a alguma subordinação institucional específica. Devemos sem dúvida saudar esta nova atitude, sempre que ela admite que o problema a ser resolvido é moral ou humano. Entretanto, ao menos nos casos com que me defrontei, essa atitude possuía o grave defeito de admitir que já temos, por assim dizer, uma moral pré-fabricada que determina os fins pelos quais os novos meios armazenados deveriam ser usados. Ignorando-se, assim, a dificuldade prática da interpretação de "meios" radicalmente novos para fins concebidos em épocas em que os meios, de que a humanidade dispunha, eram de natureza muito diversa. Mas, muito mais importante do que isso, em relação à teoria ou à filosofia, é que permanece intacto o divórcio entre algumas coisas enquanto meios, e meros meios, e outras coisas enquanto fins, e apenas fins, por causa da própria essência ou natureza intrínseca das mesmas. Desta forma, em efeito, mas não em intenção, um problema, que é sério o suficiente para ser moral, é deliberadamente evitado.

Semelhante à separação entre coisas com fins em si e coisas como meios em si, por sua própria natureza, há a herança de uma idade em que eram tidas como "úteis": apenas as atividades que serviam à vida fisiológica ao invés da vida moral, e que fossem executadas por escravos ou servos em benefício de homens que estivessem livres da carga do trabalho baixo e material. Portanto, a necessidade primordial da nova situação, em que temos sob nosso controle recursos vastos e diversos, tanto em qualidade quanto em quantidade, é a da formulação de novos fins, novos ideais e novos padrões aos quais possamos aplicar os novos meios de que dispomos. É moral e logicamente impossível que certos tipos de meios fossem cuidadosamente alterados para serem vinculados a fins que, quando muito, poderiam ser apenas modificados superficialmente. A secularização de meios e oportunidades, que vem sendo levada a efeito, até o momento, revolucionou a conduta da vida ao desestabilizar o cenário antigo. Nada é intelectualmente mais fútil (ao mesmo tempo em que praticamente impossível) do que supor que a harmonia e a paz possam ser alcançadas, sem que primeiro se desenvolvam, num razoável grau de clareza e de sistematização, novos fins, novos padrões e novos princípios de moralidade.

Em suma, o problema da reconstrução em filosofia, de qualquer ângulo por onde seja encarado, possui sua origem no esforço em se descobrir como os novos movimentos em ciência e nas condições humanas, políticas e industriais, que dela surgiram e que são até aqui apenas incipientes e confusos, devem ser processados. Para a realização de uma tarefa que seja compatível com esses novos movimentos, a direção e o ritmo apropriado podem ser apenas alcançados em relação a fins e a padrões caracteristicamente humanos, constituindo assim uma nova ordem moral.

Cabe ao futuro empreender, mesmo que em seu aspecto filosófico, as reconstruções específicas envolvidas neste processo parcialmente apresentado aqui até o momento. Até mesmo uma enumeração satisfatória de questões relacionadas à filosofia devem, de modo geral, esperar até que o movimento filosófico ultrapasse um ponto ainda não alcançado. Entretanto, um dos elementos preponderantes desta lista acabou por receber uma atenção acidental: o divórcio acertado entre meros meios e fins em si, que corresponde teoricamente à divisão rígida dos homens em livres e escravos, em superiores e inferiores. A ciência em seus procedimentos, a ciência na prática, repudiou completamente tais separações e isolamentos. A pesquisa científica dignificou atividades, materiais e instrumentos, outrora tidos como práticos (num baixo sentido utilitário), incorporando-os a sua própria natureza. O modo pelo qual o trabalho é conduzido, tanto nos observatórios astronômicos, como nos laboratórios físicos, é evidência disso. Também, até aqui e de forma explícita, a teoria está muito aquém da teoria da prática científica. A teoria, de fato – isto é, no procedimento da pesquisa científica – perdeu seu caráter finalístico. As teorias passaram a ser hipóteses. Resta à filosofia o encargo de salientar, em particular e em geral, o incalculável significado deste fato para a moral. Aquilo que é considerado hoje como sendo a moral ainda possui um domínio fixo e imutável, apesar de os teóricos da moral e os dogmatistas das instituições morais disputarem entre si quais fins, padrões e princípios são imutáveis, eternos e universalmente aplicáveis. Na ciência, a ordem das entidades fixas encontra-se definitivamente superada, dando lugar a uma ordem de conexões em processos. Um dos deveres mais imediatos da reconstrução filosófica, em relação ao desenvolvimento de instrumentos intelectuais aplicáveis à pesquisa dos fatos humanos ou morais, consiste em lidar com os processos humanos de forma sistemática.

Nesta introdução, demos a atenção devida a alguns conceitos errôneos assumidos no texto desta obra. Gostaria de concluir, de modo explícito, com um ponto mencionado repetidamente no texto desta Introdução. Tem-se argumentado que o ponto de vista aqui adotado, sobre a tarefa e o objeto de estudo da filosofia, obriga aqueles que o aceitam a identificar a filosofia como o trabalho dos chamados "reformadores" – com orgulho ou desprezo. Num sentido verbal, reforma e reconstrução são termos intimamente ligados. Mas a reconstrução ou reforma aqui apresentada é estritamente uma teoria do tipo tão compreensiva em alcance para que possa constituir filosofia. Uma das tarefas que se impõem numa filosofia reconstruída é reunir e apresentar razões que expliquem por que a separação feita entre a teoria e a prática não existe mais, para que homens, como o juiz Holmes, possam dizer que teoria significa o que há de mais prático no mundo, tanto para o bem como para o mal. Podemos esperar, com certeza, que a iniciativa teórica aqui apresentada possa dar resultados práticos e fazer o bem. Lembrando, porém, de que o êxito é trabalho dos seres humanos enquanto homens, e não enquanto especialistas de qualquer ramo profissional.

Nova York, outubro de 1948.

John Dewey

[Capítulo I]

Mudanças nas Concepções de Filosofia

O homem difere dos animais inferiores por ser capaz de reter as experiências vividas. Revive pela memória os fatos anteriores. Faz a associação de acontecimentos presentes àqueles semelhantes ocorridos no passado. Com os animais, a experiência, uma vez verificada, cessa, e cada nova ação ou paixão se revela isolada e independente. O homem, porém, vive num mundo aonde cada ocorrência vem recheada de ressonâncias e reminiscências do que aconteceu anteriormente, e onde cada evento é uma recordação de outros fatos. O homem não vive, portanto, como os animais das selvas ou dos campos, num ambiente de coisas meramente físicas, mas sim num mundo de sinais e de símbolos. Uma pedra não é meramente sólida, um objeto em que podemos tropeçar; também pode ser um monumento erguido em honra de um antepassado falecido. A chama não é apenas o fogo que aquece ou queima, mas símbolo de uma vida difícil, de alegria, de alimentação e de conforto que o homem busca ao longo da sua existência. Em vez de ser uma chama de fogo que arde e fere, é a chama que cultuamos e pela qual lutamos. E tudo isto que assinala a diferença entre a pura animalidade e a humanidade, entre a cultura e a mera natureza física, ocorre porque o homem consegue se lembrar, preservando e gravando na memória as suas experiências.

Contudo as lembranças da memória raramente são exatas. Lembramos naturalmente o que nos interessa e por que nos interessa. Evoca-se o passado, não pelo passado em si, mas pelo que ele acrescenta ao presente. Dessa forma, a vida principal da memória é mais emocional do que intelectual e prática. O selvagem recorda a luta travada recentemente com um animal, não com o propósito de estudar cientificamente suas qualidades, ou de calcular a melhor maneira de combatê-lo amanhã, mas sim para substituir o tédio do presente com a emoção vivida ontem. A memória possui toda a excitação da luta, sem a sua ansiedade e o seu perigo. Recordar a luta significa intensificar o momento presente, enriquecê-lo com um novo significado, diferente do que realmente possui, seja no presente ou passado. A memória é uma experiência indireta, com todos os valores emocionais da experiência real, menos suas violências, seus vícios e perplexidades. O triunfo de uma batalha é ainda mais comemorado na dança bélica posterior à vitória do que no exato momento em que a vitória se concretiza. A verdadeira experiência humana e consciente da caça ocorre quando os caçadores estão reunidos ao redor do fogo no acampamento. No momento da caça, a atenção prende-se com pormenores de ordem prática e concentra-se na tensão gerada pela incerteza; só mais tarde os pormenores se condensam num relato seguido e se fundem num todo significativo. No decorrer da experiência real, o homem vive, um a um, os instantes de sua existência, preocupado apenas com a tarefa do momento. Quando, mais tarde, revive, pelo pensamento, todos os momentos, surge um drama com um início, um meio e um movimento em direção ao clímax da vitória ou do fracasso.

Desde que o homem revive sua experiência passada por causa do interesse acrescentado àquilo que de outra forma seria o vácuo do lazer atual, a vida primitiva da memória é de fantasia e de imaginação, mais do que de uma recordação detalhada. Afinal, o que importa é a história, o drama. Só os incidentes, que possuem valor emocional atual, são selecionados para intensificar a narrativa presente, à medida que é ensaiada na imaginação ou contada a um ouvinte curioso. O que nada acrescenta à excitação do combate, ou ao seu sucesso ou fracasso, é suprimido. Os incidentes são de novo articulados de maneira a se encaixarem na narrativa. Assim, o homem primitivo, quando entregue a si, mesmo quando não empenhado na luta pela existência, vivia num mundo de memórias, que era um mundo de sugestões. A sugestão difere da recordação, pelo fato de não exigir nenhum esforço para se lhe provar a exatidão. Este é, na realidade, um detalhe de menor importância. O pensamento, ao sugerir a imagem de um camelo ou de um rosto humano, baseia-se numa experiência semelhante ocorrida anteriormente. Porém, essa semelhança não é importante. O mais importante é o interesse emotivo em delinear o camelo ou em seguir as modificações do semblante, à medida que vai se formando e desfazendo.

Estudiosos da história primitiva da humanidade relatam o enorme papel desempenhado pelas fábulas de animais, mitos e cultos. Às vezes, chega-se a criar um mistério em torno desse fato histórico, como se ele indicasse que o homem primitivo era movido por psicologia diferente da que hoje anima a humanidade. A explicação é fácil, creio eu. Enquanto a agricultura e as mais elevadas artes industriais não haviam sido desenvolvidas, longos períodos de lazer alternavam-se com períodos relativamente curtos de atividade, com o intuito de assegurar o sustento para o corpo e defesa contra os ataques de inimigos. Devido a nossos hábitos, somos propensos a imaginar que nossos semelhantes estão sempre atarefados ou entretidos, fazendo alguma coisa, ou pensando, ou planejando. Mas, naquelas épocas remotas, os homens só estavam ocupados quando se dedicavam à pesca, à caça ou a expedições guerreiras. Todavia, o espírito, quando desperto, precisa de alguma coisa que o ocupe, não podendo ficar literalmente inativo, mesmo que o corpo permaneça ocioso. E, que pensamentos deveriam habitar a mente humana, a não ser os relacionados às experiências com animais, experiências transformadas sob a influência do interesse contínuo de tornar mais vivas e coerentes as ocorrências típicas da caça? À medida que o homem revive dramaticamente momentos interessantes de sua vida real, os animais inevitavelmente tornaram-se dramatizados.

Eram *dramatis personae* e, como tais, assumiam os traços característicos das pessoas. Possuíam igualmente desejos, esperanças e temores, vida afetiva, amores e ódios, triunfos e derrotas. Além disso, sendo os animais indispensáveis para a subsistência da comunidade, suas atividades e seus sofrimentos faziam deles, na imaginação que revivia dramaticamente o passado, autênticos participantes da vida comunitária. Embora sujeitos à caça, mesmo assim consentiam em se deixar apanhar. Eram considerados amigos e aliados, que se dedicavam a colaborar na defesa e no bem-estar do grupo comunitário a que pertenciam. Deste modo surgiram as inúmeras fábulas e lendas, que afetuosamente insistiam nas atividades e nos traços dos animais, e também os ritos e cultos que transformaram os animais em ancestrais, heróis, símbolos tribais e divindades.

Espero não ter dado a impressão de haver-me desviado excessivamente de meu tema: a origem das filosofias. É que, segundo penso, a fonte histórica das mesmas só pode ser compreendida se insistirmos, de uma forma mais demorada e minuciosa, em considerações como as anteriores. Precisamos reconhecer que a consciência do homem comum transformou-o numa criatura de desejos, em vez de ser em busca de estudo intelectual, questionamento ou especulação. O homem só deixa de ser levado por esperanças e temores, por amor e ódio, quando se submete a uma disciplina que seja estranha à natureza humana; que é artificial, do ponto de vista do homem natural. Evidentemente nossos livros, científicos e filosóficos, foram escritos por homens que se sujeitaram, em alto grau, à disciplina intelectual e à cultura. Suas ideias são geralmente razoáveis. Aprenderam a fiscalizar suas fantasias por meio dos fatos, e a organizar as ideias mais de acordo com a lógica, do que dando ouvidos à emoção ou em obediência a intuitos de dramatização. Quando se entregam a devaneios e sonhos, o que fizeram provavelmente por muito mais tempo do que reconhecem, têm consciência do que fazem. Eles nomeiam essas incursões e não confundem os resultados obtidos com experiências objetivas. Temos o costume de julgar os outros a partir de nosso próprio exemplo; e sendo os livros científicos e filosóficos redigidos pelo homem – cujos hábitos mentais de raciocínio, lógica e objetividade predominam – a mesma racionalidade foi atribuída por eles ao homem comum. Esquece-se, assim, de que a racionalidade e a irracionalidade são, em larga escala, fatores irrelevantes e acidentais na indisciplinada natureza humana; esquece-se de que os homens são governados mais pela memória do que pelo pensamento, e que a memória, longe de ser a recordação de fatos reais, é uma associação, sugestão, fantasia dramática. O padrão usado para aferir o valor das sugestões que brotam à mente não é congruência com os fatos, mas sim a congenialidade emocional. Será que elas estimulam e fortalecem o sentimento e ajustam-se à narrativa dramática? Existe harmonia entre elas e a disposição de ânimo prevalecente, e são capazes de interpretar as esperanças e os receios tradicionais da comunidade? Se consentirmos em tomar o termo "sonho" em sentido um tanto livre, não será exagerado afirmar que o homem, a não ser quando realmente trabalha e luta, se move num mundo de sonhos, em vez de um mundo de fatos, e num mundo de sonhos que é organizado em torno de desejos, cujo sucesso ou frustração forma o todo de sua existência.

Comete grave equívoco quem considera crenças e tradições humanas como se fossem apenas tentativas errôneas e absurdas da explicação científica do mundo. O material de origem da filosofia não interessa à ciência nem se destina à explicação. É figurativo, simbólico de medos e esperanças, feito de imaginações e sugestões. Não expressa, de forma alguma, um mundo de fatos objetivos intelectualmente confrontado. É poesia e drama, em vez de ciência, e alheio à verdade ou falsidade científica, à racionalidade ou absurdidade dos fatos, da mesma forma que a poesia é independente dessas coisas.

Este material primitivo precisa, entretanto, passar pelo menos por dois estágios para se tornar filosofia propriamente dita. Um é o estágio em que histórias e lendas e suas concomitantes dramatizações se consolidam. A princípio, as recordações emotivas de experiências são preponderantemente casuais e transitórias. Eventos que excitam a emotividade do indivíduo foram isolados, e perpetuaram-se em contos e mímicas. Mas certas experiências são tão frequentes e recorrentes que dizem respeito ao grupo como um todo. São socialmente gerais. As aventuras isoladas de cada indivíduo vão-se articulando até se converterem em representações típicas da vida emocional da tribo. Alguns tipos de incidente afetam o bem-estar ou o infortúnio do grupo como um todo, e assumem evidência e importância excepcionais.

Um certo tipo de tradição começa a surgir; a história converte-se em herança e patrimônio social; a mímica desdobra-se em ritos que pouco a pouco vão se fixando. A tradição assim formada vem a constituir uma espécie de norma com a qual se conformam fantasias e sugestões individuais. Cria-se uma estrutura permanente para a imaginação. Desenvolve-se uma nova concepção comum de vida, na qual os indivíduos são iniciados mediante a educação. De modo inconsciente e, ao mesmo tempo, por categórica exigência social, opera-se a assimilação das recordações individuais e da memória grupal ou tradição, e as ideias do indivíduo amoldam-se ao corpo de crenças características da comunidade. A poesia se fixa e se sistematiza. A história torna-se norma social. O drama original revive uma experiência emocionalmente importante, institucionalizando-se em culto. As sugestões previamente livres cristalizam-se em doutrinas.

A natureza sistemática e obrigatória de tais doutrinas é rapidamente acelerada e confirmada pelas conquistas e pela consolidação política. À medida que a área de governo se amplia, surge a necessidade de se sistematizarem e unificarem crenças, antes livres e incertas. Além da natural acomodação e assimilação resultantes do intercâmbio e da necessidade de mútua compreensão, há muitas vezes uma necessidade política que induz o governante a centralizar tradições e crenças, no intuito de ampliar e corroborar seu prestígio e sua autoridade. A Judeia, a Grécia, a Roma e penso que as demais nações possuidoras de longa história apresentam testemunhos de elaboração contínua de ritos e doutrinas locais primitivas, em busca de uma unidade social mais ampla e de um poder político de maior abrangência. Pediria ao leitor que admitisse comigo que foi dessa forma que surgiram as grandes cosmogonias e cosmologias da espécie, bem como as tradições éticas de maior projeção. Se os fatos decorreram exatamente deste ou de outro modo, é desnecessário indagar, menos ainda demonstrar. Para a finalidade que temos em vista, basta que, sob influências sociais, ocorra a fixação e a organização de doutrinas e cultos, que deram traços gerais à imaginação e regras universais ao comportamento; e que tal consolidação tenha sido um antecedente necessário para a formação de qualquer filosofia da forma que compreendemos.

Mesmo sendo um antecedente necessário, esta organização e generalização de ideias e princípios de crença não é o único e suficiente fator na formação da filosofia. Falta ainda a motivação para o sistema lógico e para a demonstração intelectual. Essa motivação pode ser provocada pela necessidade de reconciliar as normas e ideais de moralidade, incorporadas no código da tradição, com o conhecimento positivo da realidade que gradualmente se vai desenvolvendo. A realidade é que o homem não pode ser apenas uma criatura que viva totalmente de sugestão e fantasia. A cada momento, as exigências da vida requerem atenção aos fatos reais do mundo. Embora seja surpreendente a mínima resistência que o meio ambiente oferece à formação de ideias, uma vez que noção alguma foi demasiado absurda para não ser aceita por algum povo, ainda assim o meio sempre impõe um mínimo de exatidão, sob pena de extinção. Que certas coisas são alimentos, que são encontrados em determinados lugares, que a água pode causar o afogamento, que o fogo queima, que lâminas agudas penetram e cortam, que objetos pesados tombam ao solo quando desamparados, que existe certa regularidade na sucessão do dia e da noite e na alternância de calor e frio, de umidade e secura: tais fatos prosaicos se impõem à mais primitiva atenção. Alguns deles são tão óbvios e de tamanha importância que, por assim dizer, não encontraram articulação fantasiosa. Augusto Comte disse certa vez que nunca soube de um povo selvagem que possuísse um "Deus do peso", muito embora qualquer outra qualidade ou força natural tenha sido divinizada. Gradualmente, existe o crescimento de generalizações caseiras que são capazes de preservar e transmitir a sabedoria da espécie sobre os fatos observados e as sequências da natureza. Tais conhecimentos vinculam-se às indústrias, artes e aos ofícios, onde se exige observação de materiais e processos para se obter uma ação bem-sucedida, e onde a ação é tão contínua e regular que artifícios mágicos não seriam suficientes. Noções por demais fantásticas são eliminadas por serem colocadas em justaposição com o que realmente acontece.

O marinheiro é mais inclinado àquilo a que presentemente damos o nome de superstições, do que, digamos, o tecelão, precisamente porque sua atividade se encontra mais à mercê de mudanças súbitas e de ocorrências imprevistas. Mas até mesmo o marinheiro que considerar o vento como a incontrolável expressão do capricho de um grande espírito terá que se familiarizar com alguns princípios meramente mecânicos de ajuste do barco, navegar e remar em direção ao vento. Em certos momentos, o fogo pode ser concebido como um dragão sobrenatural ou uma serpente perigosa, devido a sua chama ágil e devoradora. Mas a dona de casa, que toma conta do fogo e das panelas onde o alimento é preparado, nem por isto se sentirá menos compelida a observar certos fatos mecânicos, tais como a correnteza de ar, a necessidade de alimentar o fogo e a transformação da lenha em cinza. Por sua vez, ao lidar com metais, o ferreiro acumulará mais fatos e detalhes sobre as condições e consequências da ação do calor. Poderá ater-se a crenças tradicionais em cerimônias, porém a experiência familiar de cada dia o fará, na maior parte do tempo, esquecer essas concepções, e lidar com o fogo como algo de comportamento uniforme e prosaico, controlável pelas relações práticas de causa e efeito. À medida que as artes e os ofícios se desenvolvem e tornam-se mais elaborados, o complexo de conhecimentos positivos e comprovados aumenta, e as sequências observadas se tornam mais complexas e de grande alcance. Tecnologias dessa espécie nos conferem um certo conhecimento de bom senso da natureza, do qual se origina a ciência. Não fornecem apenas uma coleção de fatos positivos, mas também a habilidade e a perícia no uso de materiais e instrumentos, e promovem o desenvolvimento do hábito mental de experimentação, tão logo alguma dessas artes se liberte da pura regra do costume e da rotina.

Por longo espaço de tempo, o complexo imaginativo de crenças que é intimamente ligado aos hábitos morais de um grupo comunitário e aos seus gozos e consolações emocionais permanece, lado a lado, com o complexo crescente de conhecimentos materiais positivos. Sempre que possível, se fundem e se entrelaçam; mas, em certas circunstâncias, as mútuas incongruências se opõem a tal harmonização e, em tais casos, cada complexo se mantém separado, como que em compartimentos distintos. Desde que apenas um se sobreponha ao outro, não se sente a mútua incompatibilidade, e não há necessidade de reconciliação. Na maioria dos casos, as duas espécies de produtos mentais são assim mantidas independentes, em virtude de se haverem tornado propriedades exclusivas de classes sociais diferentes. As crenças religiosas e poéticas, que assumiram função definida e valor na ordem política e social, são confiadas à guarda de uma classe superior diretamente ligada aos grupos dominantes da sociedade. Os operários e artífices, detentores dos conhecimentos práticos, prosaicos, passam a ocupar uma camada social inferior, e seu tipo de conhecimento é vítima do menosprezo social que é atribuído a trabalhadores manuais empenhados em atividades úteis ao corpo. Sem dúvida, foi isso que, apesar da perspicácia de observação do poder extraordinário de raciocínio lógico e da liberdade prodigiosa de especulação a que chegaram os atenienses, adiou o emprego geral e sistemático do método experimental na Grécia. Visto que o artífice industrial estava apenas uma escala social acima da categoria de escravo, seu tipo de conhecimento e o método de que dependia não exerciam prestígio e nem autoridade.

Mesmo assim, chegou o tempo em que o conhecimento positivo cresceu a tal ponto que entrou em conflito não só com meros detalhes, mas também com o espírito e índole das crenças tradicionais e imaginativas. Sem entramos na questão confusa do "como" e "porque", não há dúvida de que foi exatamente isso que aconteceu na Grécia com o movimento que denominamos de sofístico, e que deu origem à filosofia propriamente dita, no sentido como é conhecida no mundo ocidental. O fato de os sofistas haverem sido depreciados por Platão e Aristóteles, condição que jamais conseguiram reverter, demonstra que havia uma disputa entre dois tipos de crenças; e que essa disputa afetou profundamente o sistema tradicional de crenças religiosas e o código moral de comportamento a ele estabelecido. Sem dúvida, Sócrates foi muito sincero ao tentar promover a reconciliação desses dois pontos de vista; entretanto, por haver abordado essa questão com os recursos do método do conhecimento positivo, outorgando primazia às suas regras e seus critérios, foi acusado de menosprezar os deuses e corromper a juventude, e, por fim, condenado à morte.

A condenação de Sócrates e a má reputação dos sofistas podem ser usadas para demonstrar alguns dos contrastes marcantes entre crenças tradicionais baseadas no sentimento, e a questão prosaica de conhecimentos reais. O objetivo da comparação é trazer à tona que, enquanto todas as vantagens oriundas do que hoje denominamos ciência estivavam a favor do conhecimento real, os proveitos da estima e da autoridade social, bem como os benefícios do contato íntimo com tudo aquilo que confere à vida seus valores mais profundos, encontravam-se a favor das crenças tradicionais. Aparentemente, o conhecimento específico e verificado do meio tinha apenas alcance limitado e técnico. Referia-se somente às artes; tanto o bem quanto o objetivo do artífice, apesar de tudo, não iam muito longe, pois ele era considerado um subordinado e quase um servo. Quem compararia a arte do sapateiro à arte de governar o Estado? Quem elevaria mesmo a arte mais nobre do médico, que cura o corpo, ao nível da arte do sacerdote, que cura a alma? Era assim que Platão delineava seus diálogos. O sapateiro é quem julga a boa ou a má qualidade dos sapatos, mas não é ele quem decide quando devem ser usados; o médico é bom julgador em matéria de saúde, mas não é ele que decide se é preferível que uma pessoa goze de boa saúde ou morra. O artífice pode ser perito em questões técnicas puramente limitadas, mas fica totalmente perdido quando são de cunho moral. Por consequência, seu tipo de conhecimento é intrinsecamente inferior, e necessita ser controlado por um gênero mais elevado de conhecimento que lhe revele fins e propósitos supremos, mantendo seu conhecimento técnico e mecânico no devido lugar. Além disso, encontramos nas páginas de Platão, devido ao seu agudo senso dramático, vívidas descrições do impacto do conflito entre a tradição e as novas reivindicações do conhecimento puramente intelectual em determinados homens. Os conservadores não se conformam com a ideia da ciência em ensinar a arte militar por meio de regras abstratas. Ninguém luta por lutar, luta-se pela pátria. A ciência abstrata não pode transmitir amor e lealdade, e nem substituir, mesmo pelo lado mais técnico, aqueles modos e meios de lutar, onde a devoção pelo país foi tradicionalmente incorporada.

A única forma de aprendizado da arte de guerra consiste em associar-se a pessoas que aprenderam a defender a pátria, tornando-se impregnado com seus ideais e costumes; fazendo-se, em suma, um adepto da tradição grega de luta e combate. Tentar produzir regras abstratas do confronto entre os processos bélicos nativos e os do inimigo significa adotar as tradições e divindades do inimigo, ou seja, deslealdade à própria pátria.

Esse ponto de vista, dramaticamente apresentado, habilita-nos a apreciar o antagonismo provocado pelo ponto de vista positivo no momento em que entrou em conflito com o tradicional. Este último estava enraizado nos hábitos e nos princípios de lealdade social; estava impregnado de fins morais e regras morais pelos quais o homem vivia. Por isso, era tão básico e compreensível quanto a própria vida; e palpitava com as cores brilhantes e calorosas da vida comunitária, e onde se fundia à própria existência humana. Por outro lado, o conhecimento positivo ocupava-se de utilidades meramente físicas, alheio às ardentes associações de crenças consagradas pelos sacrifícios dos ancestrais e pelo culto dos contemporâneos. Em vista de seu caráter limitado e concreto, era árido, rígido, frio.

Contudo, espíritos mais perspicazes e ativos, como o do próprio Platão, não se podiam contentar em aceitar por mais tempo, ao lado dos cidadãos conservadores da época, as velhas crenças nos velhos moldes. O desenvolvimento do conhecimento positivo e do espírito crítico e pesquisador questionou-as em suas antigas formas. As vantagens em matéria de precisão, exatidão e verificação estavam todas a favor do novo conhecimento. A tradição era nobre quanto ao fim e alcance, porém incerta quanto aos fundamentos. A vida sem perguntas, dizia Sócrates, não era própria para ser vivida pelo homem racional, pois ele é um ser interrogador. Portanto ele precisa buscar a razão das coisas, não aceitando passivamente a resposta de autoridades comuns e políticas. O que deveria ser feito? Deveria-se desenvolver um método de pesquisa e de prova racional que assentasse, em base sólida, os elementos essenciais das crenças tradicionais; desenvolver um método de pensamento e conhecimento que, além de purificar a tradição, preservasse seus valores morais e sociais; mas ainda, purificá-los para que aumentassem seu poder e autoridade. Resumindo, aquilo que se baseava no costume deveria ser restaurado, não pelos hábitos do passado, mas pela genuína metafísica do Ser e do Universo. A metafísica é um substituto do costume, como fonte e garantia de mais elevados valores morais e sociais. Este era o tema principal da filosofia clássica europeia, tal como a desenvolveram Platão e Aristóteles e, não nos cansamos de repetir, renovou-se e restaurou-se na filosofia cristã da Europa Medieval.

A partir de tudo isso foi que emergiu, se não estou enganado, a tradição relativa à função e ao papel da filosofia que, até recentemente, controlou as filosofias sistemáticas e construtivas do mundo ocidental. Se estiver correto, em minha tese principal, de que a origem da filosofia reside numa tentativa de reconciliar os dois tipos diferentes do produto mental, a chave para descobrirmos as características principais da filosofia subsequente está em nossas mãos, à medida que esta não seja de natureza negativa e heterodoxa. Em primeiro lugar, verifica-se que a filosofia não se origina de uma posição imparcial, franca e imune de preconceitos, mas sim que teve sua tarefa traçada desde o início. Sua única missão era a "execução", que jurou cumprir. Deveria extrair a semente moral essencial das ameaçadas crenças tradicionais do passado. Até aqui, tudo bem: o seu trabalho era imprescindível e de interesse do verdadeiro e único conservantismo – aquele que se propõe a conservar e não destruir os valores já elaborados pela humanidade. Mas a filosofia também se comprometeu a extrair essa essência moral, em perfeita conformidade com o espírito das crenças passadas. A associação com a imaginação corrente e com a autoridade social era por demais íntima para ser profundamente modificada. Não era possível conceber o conteúdo das instituições sociais de forma radicalmente diferente daquela que havia existido no passado. Tornou-se tarefa da filosofia justificar, em moldes racionais, o espírito, mas não a forma de costumes e de crenças tradicionais.

Em virtude da diferença de forma e de método, a filosofia resultante mostrou-se bastante radical e até perigosa para a maioria dos atenienses. Isso porque diminuía excessos e eliminava fatores que, aos olhos do homem comum, constituíam parte integrante das crenças básicas. Mas, do ponto de vista da história, em comparação a tipos diferentes de pensamento, que mais tarde se desenvolveram em variados ambientes sociais, agora é muito fácil entendermos a profundidade com a qual Platão e Aristóteles refletiram o significado da tradição e dos hábitos gregos. Ou seja, a tal ponto que suas reflexões são consideradas, juntamente com as dos grandes dramaturgos, as melhores introduções de um aluno nos mais profundos ideais e aspirações da vida caracteristicamente helênica. Sem a religião, a arte e a vida cívica grega, a filosofia de ambos teria sido impossível; enquanto isso, o efeito da nova ciência, da qual os filósofos tanto se gloriavam, acabou tornando-se superficial e insignificante. Este espírito apologético da filosofia foi ainda mais visível quando a Cristandade medieval, por volta do século XII, buscou uma apresentação racional e sistemática de si mesma, e fez uso da filosofia clássica, especialmente daquela de Aristóteles, para se justificar perante a razão. Uma ocorrência idêntica caracteriza os principais sistemas filosóficos da Alemanha, em princípios do século XIX, quando Hegel assumiu a tarefa de justificar, em nome do idealismo racional, as doutrinas e instituições ameaçadas pelo novo espírito científico e pelos governos populares. Como resultado, os grandes sistemas não se viram livres do espírito de partido exercido em benefício de crenças preconcebidas. Desde que declararam, ao mesmo tempo, total independência intelectual e racional, conferiram à filosofia um elemento de insinceridade, ainda mais traiçoeiro, devido à total inconsciência por parte daqueles que a apoiavam. Tal fato leva-nos a um segundo traço da filosofia, oriundo de sua própria criação. Desde que a filosofia propôs uma justificação racional de coisas previamente aceitas por sua congenialidade emocional e prestígio social, coube-lhe exaltar o mecanismo da razão e da prova. Como a matéria que constituía o seu objeto carecia de racionalidade intrínseca, a filosofia buscou apoio e suporte, por assim dizer, na manifestação da lógica formal. Ao lidarmos com questões factuais, podemos recorrer tanto a processos mais simples quanto a processos mais difíceis de demonstração. Basta produzir o fato em questão e mostrar a ele – a forma fundamental de todas as demonstrações. Mas, na hora de convencermos o homem sobre a verdade de doutrinas que já não são mais aceitas simplesmente porque foram ditas por autoridades sociais ou comuns, ou por não serem passíveis de verificação empírica, não há outro recurso senão o de exaltar as características do pensamento rigoroso e da demonstração rígida. Assim, surge a definição abstrata e de argumentação ultracientífica que, por um lado, afasta tantos indivíduos da filosofia, mas, por outro, constitui um dos principais atrativos para seus devotos.

Na pior das hipóteses, a filosofia se viu reduzida a uma exibição de terminologias elaboradas, de lógicas conflitantes e de devoção fictícia a formas meramente exteriores de demonstrações compreensíveis e instantâneas. No máximo, conseguiu produzir um apego excessivo ao sistema, e uma reinvidicação pretensiosa e exagerada sobre a certeza. O bispo Butler declarou que a probabilidade é o guia da vida; entretanto poucos filósofos foram corajosos o bastante para confessar que a filosofia pode satisfazer-se com alguma coisa que seja simplesmente provável. Os costumes ditados pela tradição e pelo desejo reivindicavam finalidade e imutabilidade, bem como a prerrogativa de traçar normas de conduta certas e invariáveis. A filosofia, desde o começo de sua história, nutriu idêntica pretensão de ostentar o mesmo caráter conclusivo e, sem dúvida alguma, um pouco dessa atitude se insinuou, desde então, nas filosofias clássicas. As filosofias clássicas sustentavam insistentemente que eram mais científicas do que as ciências; que, na realidade, a filosofia se fazia necessária exatamente porque as ciências especiais falharam no seu objetivo de alcançar a verdade última e completa. Poucos foram os dissidentes que se aventuraram a afirmar, como o fez William James, que a "filosofia é visão" e que sua principal tarefa consiste em libertar o espírito humano de parcialidades e preconceitos, bem como ampliar sua percepção do mundo circundante. Mas, de modo geral, a filosofia criou mais pretensões ambiciosas. Dizer que ela nada pode oferecer além de hipóteses, e que estas hipóteses só têm valor quando tornam a mente humana mais sensível à vida circundante, seria equivalente a negá-la.

Por último, o corpo de crenças, ditado pelo desejo e pela imaginação, e transformado em tradição autoritária por influência da autoridade comunal, era complexo e penetrante. Era, por assim dizer, onipresente em todas as instâncias da vida comunitária. Sua pressão era incessante, e sua influência universal. Provavelmente, foi inevitável que o princípio rival, o pensamento reflexivo, aspirasse semelhante universalidade e complexidade. Seria metafisicamente tão inclusiva e de tão grande extensão quanto a tradição o fora socialmente. Agora, só havia um caminho pelo qual essa pretensão poderia ser realizada, juntamente com a reivindicação por um sistema de lógica completo e seguro.

Todas as filosofias do tipo clássico adotaram uma distinção fixa e fundamental entre dois reinos de existência. Um desses reinos corresponde ao mundo religioso e sobrenatural da tradição popular, que, em sua interpretação metafísica, tornou-se o mundo da mais elevada e fundamental realidade. A partir do momento em que a fonte e a sanção definitiva de todas as verdades e regras importantes de conduta na vida comunitária foram encontradas em crenças religiosas superiores e incontestáveis, a realidade suprema e absoluta da filosofia propiciou a única garantia segura da verdade sobre assuntos empíricos, e forneceu o único guia racional para instituições sociais e comportamentos individuais apropriados. Frente a esta realidade absoluta e numeral capaz de ser apreendida somente pela disciplina sistemática filosófica, erguia-se o mundo comum e empírico, relativamente real e fenomenal da experiência cotidiana. Era com esse mundo que se encontravam ligadas as atividades práticas e as ações dos homens; era a esse mundo imperfeito e perecedouro que se referia a ciência real e positiva.

Esta é a característica que, em minha opinião, mais afetou a clássica noção da natureza da filosofia. À filosofia atribuiu-se a missão de demonstrar a existência de uma realidade transcendente, absoluta ou profunda, bem como a de revelar ao homem a natureza e os predicados característicos desta realidade suprema. Em consequência, afirmou possuir um órgão de conhecimento mais elevado do que o empregado pela ciência positiva e pela experiência prática comum, e que esse órgão é marcado por uma dignidade e importância superior – pretensão essa indisputável se a filosofia conduzir o homem à intuição e à prova de uma Realidade além daquela aberta à vida cotidiana e às ciências especiais.

A mesma pretensão foi negada por vários filósofos, que na sua maioria apresentavam atitudes agnósticas e cépticas, contentando-se em afirmar que a realidade absoluta e última está além do conhecer humano. Tais filósofos não se atreveram a negar que uma Realidade semelhante seria a esfera adequada para o exercício do conhecimento filosófico, desde que estivesse ao alcance da inteligência humana. Apenas recentemente surgiu uma nova concepção sobre a função própria da filosofia, que será empregada para dar início a outras percepções, e analisarem-se as suas principais diferenças relacionadas à concepção clássica. Neste momento, podemos nos referir a ela apenas por antecipação e de forma superficial. Está implícita nas explicações dadas sobre a origem da filosofia, e que tiveram como base a tradição autoritária; tradição essa originalmente ditada pela imaginação do homem, que trabalha sob a influência do amor e do ódio e sob o interesse da satisfação e do entusiasmo emocional. É necessário ressaltarmos que essa explicação da origem das filosofias, que procura lidar com o Ser absoluto de maneira sistemática, foi feita de forma premeditada e maliciosa. Parece claro que esse método genético de abordagem é mais eficiente para minar todo tipo de teorização filosófica do que qualquer tentativa de refutação por via lógica.

Se essa concepção conseguir convencê-lo de que é uma hipótese razoável, a ideia de que a filosofia não se originou de elementos intelectuais, mas sim de elementos sociais e emotivos, também fará com que você mude de opinião sobre as filosofias tradicionais. Serão vistas de outro ângulo e sob um novo prisma. Surgirão novas questões sobre elas, e novos critérios serão propostos para julgá-las.

Se alguém começar, sem reservas mentais, o estudo da história da filosofia, não como algo isolado, mas sim como um capítulo no desenvolvimento da civilização e da cultura; se alguém ligar a história da filosofia com o estudo da antropologia, da vida primitiva, da história das religiões, da literatura e das instituições sociais, poderemos afirmar que esse alguém alcançará um julgamento próprio e independente sobre o valor da explicação apresentada aqui hoje. Quando vista desta forma, a história da filosofia reveste-se de um novo significado. O que se perdeu, do ponto de vista de pretensa ciência, é recuperado do ponto de vista humano. Em vez de disputas entre rivais sobre a natureza da realidade, temos o confronto do homem sobre os propósitos e as aspirações sociais. Em vez de tentativas impossíveis de se transcender a experiência, temos um registro significante do esforço do homem ao tentar formular as coisas da experiência, com as quais é profundamente apegado e apaixonado. Em vez de diligências impessoais e meramente especulativas para contemplarmos, como espectadores distantes, a natureza de coisas-em-si absolutas, temos a descrição viva da escolha de pensadores sobre como gostariam que a vida fosse, e para que propósito desejariam que os homens moldassem suas atividades inteligentes.

Quem alcançar esse ponto de vista sobre a filosofia antiga será necessariamente convencido a formular uma concepção bastante definida do escopo e do intuito da filosofia que ainda está por vir. Também será inevitavelmente levado a acreditar que nenhuma filosofia foi inconsciente, sem saber ou pretender que fora. Entretanto, de agora em diante, ela tem a obrigação de ser aberta e deliberada. Quando admitirmos que, com o pretexto de lidar com a realidade derradeira, a filosofia tem se ocupado com os preciosos valores incrustados nas tradições sociais, e que se originou de um choque de objetivos sociais e de um conflito entre instituições herdadas com tendências contemporâneas incompatíveis, compreenderemos que a tarefa da filosofia futura é a de clarificar as ideias dos homens quanto aos embates de ordem social e moral da época em que viverem. Seu objetivo é o de se tornar, na medida do possível, um tipo de órgão regulador desses conflitos. Qualquer coisa que possa parecer pretensamente irreal, quando formada por distinções metafísicas, torna-se imensamente significante quando associada com o drama da luta por sobrevivência de crenças e ideais sociais. A filosofia que renuncia, de certa forma, a seu monopólio improdutivo de interações para a Realidade Última e Absoluta, encontrará compensação ao iluminar as forças morais que movem a humanidade e ao contribuir para que as aspirações dos homens se concretizem em uma felicidade mais ordenada e inteligente.

[Capítulo II]

Alguns Fatores Históricos na Reconstrução Filosófica

Francis Bacon, do período elisabetano, é o grande precursor do espírito da vida moderna. Ainda que de diminuta capacidade realizadora, ele é, enquanto profeta de novas tendências, personalidade altamente expressiva da vida intelectual do mundo. Semelhante a muitos outros profetas, ele também sofre por ter que combinar, de modo confuso, o velho com o novo. O que nele há de mais significativo tem-se tornado relativamente familiar devido aos acontecimentos mais recentes. Todavia, são incontáveis as páginas de sua obra que estão repletas de elementos pertencentes ao passado, do qual ele achava haver-se desvencilhado. Situado entre essas duas fontes de críticas comuns e injustas, Bacon raramente recebe o reconhecimento que lhe é devido como autêntico pioneiro do pensamento moderno; muitos o citam por merecimentos a que dificilmente tem direito, como, por exemplo, a alegada autoria dos métodos específicos de indução empregados pela ciência. O que torna Bacon notável é o fato de que as brisas, soprando de um novo mundo, o envolveram, incitando-o a aventurar-se em novos mares. Ele mesmo jamais descobriu a terra prometida, digamos assim, mas proclamou o novo objetivo e de longe revelou suas características por meio de sua fé.

Os principais traços de seu pensamento colocam-nos diante das amplas características de um espírito renovado que soprava no sentido de uma reconstrução na esfera intelectual. Tais traços sugerem as forças sociais e históricas das quais irradiava o novo espírito. O mais conhecido aforismo de Bacon diz: Conhecer é Poder. Visto por este critério pragmático, Bacon condenou o saber então existente como não conhecimento, como conhecimento falso e pretensioso, pela simples razão de que não gerava o poder. Tal conhecimento era ocioso, inoperante. Em sua prolixa argumentação, classificou o saber erudito de sua época sob três rótulos: sutil, fantástico e litigioso. Sob o título de sutil, incluiu a erudição literária que, perante as antigas línguas e literaturas revisitadas, ocupou relevante lugar na vida intelectual do Renascimento. A condenação imposta por Bacon é tão eficiente quanto sabemos ter sido ele um mestre em antiguidade clássica, possuidor de todas as formas de elegância e requintes que tal estudo literário confere. Em substância, antecipou a maior parte dos ataques que, desde então, os reformadores em matéria educacional desferiram contra a cultura literária unilateral. Tal saber contribuía não para angariar poder, mas tão somente para servir de ornamento e decoração. Não passava de ostentação e luxo. Por saber fantástico Bacon referia-se à ciência quase-mágica, tão em voga em toda a Europa do século XVI – os grandes avanços da alquimia, da astrologia, etc. Sobre tudo isso ele despejou sua indignação, pelo motivo óbvio de a corrupção do bem ser o pior dos males. O saber mais refinado era ineficiente, mas o saber fantástico era uma forma de disfarçar o conhecimento realmente válido. Tomava como pretexto o princípio verdadeiro e a finalidade do conhecimento – controle das forças da natureza. Entretanto, negligenciava as condições e os métodos pelos quais o tal pudesse ser obtido e, portanto, enganando os homens.

Contudo, para o objetivo que temos em vista, o mais importante é o que Bacon diz em relação ao saber litigioso. Com essa denominação ele abarca a ciência tradicional transmitida desde a antiguidade por vias inadequadas e tortuosas; ou seja, por meio da escolástica. Denomina-se litigioso em virtude do método lógico, de que se valia, e do fim que tinha em vista. Em certo sentido tinha como meta a aquisição do poder, porém do poder sobre outros homens em benefício de alguma classe, seita ou pessoa, e não do poder sobre as forças da natureza em benefício de todos. A convicção de Bacon sobre o caráter antagônico da erudição herdada dos tempos antigos não era, acreditamos, tão oriunda da ciência helênica em si, quanto da herança degenerada da escolástica no século XIV, época na qual a filosofia caíra nas mãos de teólogos argumentadores, cheios de discursos, subterfúgios e truques nas contendas das quais lançavam mão para serem declarados vencedores.

Todavia, Bacon também acusou o próprio método aristotélico, que, em seu rigor, visava à demonstração e à persuasão. Mas tanto uma como outra objetivavam a conquista da mente, mais do que a conquista da natureza. Ademais, ambas supunham que já se estava na posse de uma verdade ou crença, e que o único problema era o de convencer ou ensinar quem quer que fosse. Diferentemente, o novo método de Bacon se apoiava numa opinião excessivamente insignificante sobre a importância da verdade já existente, e num vivo senso da extensão e do valor de verdades ainda por alcançar. Seria, portanto, uma lógica de descoberta, e não uma lógica de argumentação, de prova e persuasão. Para Bacon, a velha lógica, mesmo no que tinha de melhor em seu arcabouço, era destinada a ensinar o que já era conhecido; e ensinar significa doutrinar, disciplinar. Um axioma de Aristóteles afirmava que somente podia ser aprendido aquilo que já era conhecido, e que o desenvolvimento do conhecimento consistia simplesmente em coadunar duas verdades que previamente houvessem sido observadas em separado: a universal da razão e aquela pertencente aos sentidos. Em qualquer caso, aprender significa aumentar o conhecimento. E, considerando-se que o aumento consiste no domínio do dever e da mudança, é, assim, inferior à posse do conhecimento, na manipulação silogística do que já era conhecido, quer seja, a demonstração. Opondo-se a este ponto de vista, Bacon proclamou em termos eloquentes a superioridade da descoberta de novos fatos e de verdades para a demonstração do que era antigo. Ora, existe apenas uma via pela qual se pode chegar à descoberta; esta é a da investigação que adentra nos segredos da natureza. As leis e os princípios científicos não se encontram à superfície do que é natural, mas estão ocultos e precisam ser extraídos da natureza por meio de uma técnica complexa e elaborada de pesquisa. Nem o raciocínio lógico nem o acúmulo passivo de qualquer número de observações – que os antigos denominavam experiência – são suficientes para abarcá-los. A experimentação ativa precisa forçar os fatos visíveis da natureza a que assumam formas diferentes daquelas em que habitualmente se apresentam, e, assim, coagi-los a dizer a verdade sobre si próprios, da mesma forma que a tortura força uma testemunha obstinada a revelar o que está ocultando. O raciocínio puro, como meio de chegar à verdade, assemelha-se à atividade da aranha, que de si extrai os fios para sua teia. Esta, por mais esmerada e regular que seja, não passa de uma armadilha. O acúmulo passivo de experiências – o método empírico tradicional – pode ser comparado à formiga que corre de um lado para o outro, para coletar e acumular pilhas e pilhas de matérias-primas. O método verdadeiro, preconizado por Bacon, é semelhante ao trabalho da abelha que, do mesmo modo que a formiga, reúne materiais do mundo externo, mas, ao contrário do laborioso inseto, ataca e modifica os materiais colhidos para que estes deixem seu tesouro oculto à mostra.

Embasado neste contraste entre a subjugação da natureza e a sujeição de outras mentes, ou seja, entre o método da descoberta e o da demonstração, evoluiu o sentido que Bacon atribuía ao progresso, como busca e prova do verdadeiro conhecimento. De acordo com suas críticas, a lógica clássica, mesmo na forma aristotélica, favoreceu inevitavelmente um aspecto conservador inerte, pois, habituando o espírito a pensar na verdade como já sendo conhecida, acostumou os homens a que confiassem nas conquistas intelectuais do passado e as aceitassem sem exame crítico. Não só a mentalidade medieval como também a renascentista tendiam a considerar a antiguidade como a idade áurea do conhecimento, fundamentando-se aquela nas sagradas escrituras, e esta em literaturas profanas. E, apesar de semelhante atitude não poder ser absolutamente invocada contra a lógica clássica, Bacon sentiu, com razão, que toda e qualquer lógica que identifique a técnica de conhecer, por meio da demonstração das verdades já possuídas pela mente, enfraquece o espírito de investigação e confina a mente ao círculo do saber tradicional.

Tal lógica fatalmente deveria mostrar, como características principais, a definição do que já é conhecido (ou julgado ser conhecido) e sua sistematização em conformidade com os padrões da ortodoxia admitidos como verdadeiros. Por outro lado, uma lógica da descoberta olha para o futuro. As verdades recebidas são por ela encaradas por meio de um prisma crítico, como algo que necessita ser comprovado por novas experiências, mais do que como algo que deva ser ensinado por via dogmática e recebido com total obediência. Seu interesse maior, até no conhecimento já obtido e verificado com esmero, é o uso que dele se possa fazer em pesquisas e descobertas futuras. O valor primordial da verdade antiga reside no auxílio que presta à descoberta de verdades novas. Devemos salientar que a própria apreciação de Bacon a respeito da natureza da indução apresenta graves defeitos. Contudo, seu senso crítico de que ciência significa invasão do desconhecido, e não repetição do já conhecido em termos lógicos, torna-o "pai da indução". Descobertas intermináveis e persistentes de fatos e princípios não conhecidos: eis o verdadeiro espírito da indução. O progresso contínuo na esfera do conhecimento é o único modo seguro de se evitar que o conhecimento antigo degenere em doutrinas dogmáticas acolhidas por imposição autoritária, ou até caia, de maneira imperceptível, em superstições e histórias da carochinha.

O progresso renovado constantemente é, para Bacon, a prova e o objetivo da genuína lógica. Bacon pergunta, insistentemente, onde estão as obras, os frutos da velha lógica? Que ela tem feito para mitigar os males da existência, para retificar defeitos e melhorar a condição social? Onde estão as invenções que justifiquem sua reivindicação de estar de posse da verdade? Nada realizou senão vitórias em demandas judiciais, em diplomacia e na administração política. Precisamos nos desviar das "ciências", que eram alvo de admiração, e concentrar nossa atenção nas desdenhadas artes, a fim de encontrarmos obras, frutos e resultados de valor para o gênero humano que sejam obtidos à custa do domínio exercido sobre as forças naturais. Mesmo assim, até então, o progresso nas artes foi intermitente, vacilante e acidental. Uma autêntica lógica ou técnica de pesquisa tornaria o progresso na indústria, na agricultura e na medicina, contínuo, crescente e deliberadamente sistemático.

Se tomarmos em consideração o suposto agregado de conhecimentos de antemão articulados, sobre o qual os eruditos repousam em supina aquiescência, contentando-se em recitá-lo como papagaios, veremos que ele consta de duas partes. Uma destas partes, constituída pelos erros de nossos antepassados, cheira a mofo, de antiga que é, e encontra-se organizada em pseudociência, à mercê do uso da lógica clássica. Tais "verdades" são, na realidade, apenas uma sistematização de erros e preconceitos de nossos antepassados. Muitas delas originaram-se incidentalmente; muitas provieram de interesses e preconceitos de classe, e só por este motivo se perpetuaram por imposição autoritária: e foi esta consideração que, mais tarde, suscitou os ataques de Locke contra a doutrina das ideias inatas. A outra parte de crenças aceitas deriva de tendências instintivas do espírito humano, que lhe imprimem uma propensão perigosa, até que seja contrabalançada por uma lógica consciente e crítica.

A mente humana admite espontaneamente maior simplicidade, uniformidade e unidade entre os fenômenos, do que o que realmente existe. Infere analogias superficiais, tira conclusões de modo inopinado; desdenha da variedade, de pormenores e da existência de exceções. Além disso, tece uma teia de origem puramente subjetiva, que depois impõe à natureza. O que no passado se denominava ciência, nada mais era do que essa teia construída e imposta pelo homem. Os homens olhavam para o resultado do trabalho de seus próprios cérebros e pensavam ver realidades na natureza; em verdade, estavam adorando, sob o nome de ciência, os ídolos de sua própria criação. A chamada ciência e a filosofia consistiam em tais "antecipações" da natureza. E o pior que se podia dizer a respeito da lógica tradicional era que, em vez de salvar os homens dessa natural fonte de erros, ela sancionava esses mananciais de ilusão, atribuindo à natureza uma falsa racionalidade de unidade, simplicidade e generalidade. Caberia à nova lógica a missão de proteger a mente contra si mesma; de ensiná-la a submeter-se a paciente e prolongada aprendizagem perante a infinita variedade e particularidade dos fatos; e a obedecer, pelo intelecto, a natureza, a fim de dominá-la na prática. Este, o significado da nova lógica: o novo instrumento ou "órganon" do saber, assim denominado em oposição expressa ao "órganon" de Aristóteles.

Outras importantes oposições são subentendidas. Aristóteles pensava que a razão era capaz de comungar solitariamente com a verdade racional. A contrapartida de seu celebrado prolóquio de o homem ser um animal político, é que a Inteligência, o Nus, não é animal, nem humano, nem político, mas é divinamente único e enclausurado em si mesmo. Segundo Bacon, o erro havia sido criado e perpetuado por influências sociais, ao passo que a verdade deve ser descoberta mediante atividades sociais organizadas para tal fim.

O indivíduo entregue a si mesmo, pouco ou nada consegue realizar; corre o risco de se deixar envolver em sua própria teia de falsas concepções. Urge organizar a pesquisa em colaboração, mediante a qual seja dado aos homens abordar a natureza coletivamente, de modo que o trabalho de investigação possa perpetuar-se ininterruptamente de geração em geração. Bacon ambicionava até a formulação absurda de um método tão aperfeiçoado que facultasse desconsiderar as diferenças dos talentos naturais humanos, e situá-los no mesmo nível da produção de novos fatos e de novas verdades. Contudo, este absurdo era apenas o aspecto negativo de sua grandiosa e positiva antevisão de uma combinada e cooperativa busca da ciência como a que hoje caracteriza nossa época. Frente ao quadro que ele traça em sua "Nova Atlântida", ou seja, um Estado organizado para a pesquisa coletiva, nós imediatamente o desculpamos por seus exageros.

O domínio sobre a natureza não haveria de ser individual e sim coletivo; deveria ser, como ele se exprime, o Império do Homem sobre a Natureza, em substituição do Império do Homem sobre o Homem. Nas próprias palavras de Bacon, com suas variadas e pitorescas metáforas: "Os homens entregaram-se ao desejo de saber e de conhecer,... raramente sinceros a ponto de fornecerem, para benefício e uso da humanidade em geral, um retrato verdadeiro de seu dom de raciocinar; mas fizeram-no, como se procurassem, no conhecimento, uma poltrona onde seu espírito pesquisador e curioso pudesse descansar; ou um terraço, onde seu espírito inconstante e volúvel pudesse subir e descer e deliciar-se com a paisagem; ou uma torre, na qual o espírito vaidoso pudesse elevar-se; ou um forte ou terreno sobranceiro adequado a lutas e porfias; ou uma loja para venda e lucros: nunca porém um rico armazém para glória do Criador e alívio da condição do homem". Quando William James denominou Pragmatismo um Nome Novo para um Velho Modo de Pensar, não sei se estava pensando expressamente em Francis Bacon; não resta dúvida que, no que tange ao espírito e à atmosfera da busca do conhecimento, Bacon pode ser considerado como o profeta de uma concepção pragmática do conhecimento. Muitas concepções errôneas do espírito desse pragmatismo seriam evitadas, se cuidadosamente se observasse a importância atribuída por Bacon ao fator social, no que se refere à conquista e ao fim do conhecimento.

Este resumo, um tanto prolixo, das ideias de Bacon não se propõe a exibir uma visão histórica retrospectiva, mas antes desdobrar perante nossa mente um documento autêntico da nova filosofia, capaz de pôr em destaque as causas sociais da revolução intelectual. Aqui, apenas um esboço pode ser tentado, mas ainda assim será útil para relembrar ao leitor as tendências da transformação material, política e religiosa, que então se iniciava na Europa.

Com referência ao aspecto material, será impossível exagerar a influência das viagens, das descobertas e dos novos rumos comerciais que, ao mesmo tempo em que estimularam um senso romântico da aventura e da novidade, afrouxaram o apego às crenças tradicionais, criaram uma viva consciência de novos mundos a serem investigados e conquistados, determinaram novos métodos de fabricação e comércio de operações bancárias e financeiras, e por fim suscitaram, em toda a parte, uma reação no sentido do fomento às invenções, à observação positiva e à experimentação ativa na ciência. As Cruzadas, o reflorescimento da erudição profana da antiguidade e talvez, mais importante ainda, o contato com o adiantado saber dos Árabes, o incremento comercial com a Ásia e África, a introdução da lente, do compasso e da pólvora, a descoberta e a exploração da América do Norte e da América do Sul – expressivamente cognominadas o Novo Mundo – são alguns dos fatos mais evidentes. O contraste entre povos e raças anteriormente isolados, no meu entender, se faz mais proveitoso no sentido de determinar mudanças, quando alterações de caráter psicológico e industrial coincidem entre si e mutuamente se reforçam. Por vezes, devido ao intercâmbio, as pessoas passam por mudanças emocionais, que quase poderiam se chamar de mudanças metafísicas. Altera-se a disposição interna da mente, sobretudo em matéria religiosa. Outras vezes, efetua-se uma troca ativa de bens, adotam-se utensílios e aparelhos estranhos, introduz-se a imitação de hábitos diferentes de indumentária, de habitação e de produção de utilidades. A primeira mudança é, por assim dizer, demasiada interna, e a segunda demasiada externa, para que delas possa redundar em um desenvolvimento intelectual profundo. Mas quando o aparecimento de uma nova atitude mental coincide com as vastas mudanças materiais e econômicas, algo de significativo ocorre.

Esta coincidência dos dois tipos de mudança foi, segundo presumo, característica dos novos contatos verificados nos séculos XVI e XVII. Os conflitos de costumes e de crenças tradicionais dissiparam a inércia e a indolência mental, despertando curiosidade por ideias novas e diferentes. A real aventura das viagens e das explorações expeliu da mente o medo do estranho e do desconhecido: à medida que se desvendavam novos territórios, para falar em termos de geografia e de comércio, também se desvendava o espírito humano. Novos contatos excitavam o desejo de mais e mais contatos, e o apetite do novo crescia com a própria descoberta. A fidelidade conservadora sobre velhas crenças e métodos sofria o atrito constante de viagens a regiões desconhecidas e dos relatos de costumes e tradições estrangeiros. A mente humana acostumou-se à investigação e à descoberta, deleitou-se, curiosa e interessada, com as revelações do novo e do exótico, ao mesmo tempo em que o velho e o usual perdiam o encanto e o atrativo. De mais a mais, o próprio ato de explorar, de excursionar, de lançar-se a viagens e aventuras em remotas regiões, constituía a alegria e a excitação característica da época.

Esta mudança psicológica foi essencial para o aparecimento do novo ponto de vista nos domínios filosófico e científico. Por si só, dificilmente poderia ter dado origem ao novo método do conhecer, mas as mudanças positivas nos hábitos e ideais da vida conferiram conformação objetiva e apoio à mudança mental, além de abrirem o caminho por onde o novo espírito se iria exercitar. A descoberta de novas fontes de riqueza, o ouro das Américas e novos artigos de consumo e de distração concorreram para apartar o homem das preocupações de ordem metafísica e teológica, e dirigir-lhe a atenção, com interesse recém-despertado, para as alegrias e os prazeres da natureza e da vida. Novos recursos materiais e novos mercados na América e na Índia minaram a velha situação de dependência, na esfera da vida doméstica e da produção manual, destinada a mercados locais e limitados, e geraram, mercê da máquina a vapor, a produção em larga escala, tendo em vista mercados estrangeiros de âmbito cada vez mais vasto. Seguiram-se o capitalismo, a rapidez de transportes e a produção em vista da permuta por dinheiro e da obtenção de lucro, ao invés da produção para permuta com mercadorias e para consumo.

Esta rememoração rápida e superficial de eventos vastos e complicados visa sugerir a mútua interdependência da revolução científica e da revolução industrial. De um lado, a indústria moderna é, em grau elevado, ciência aplicada. Nenhum desejo, por intenso que fosse, de ganhar dinheiro ou de adquirir e desfrutar novas utilidades, nenhuma quantidade de energia meramente prática ou capacidade de iniciativa, seriam capazes de efetuar a transformação econômica por que passou o mundo nos últimos séculos. Para tanto foi pré-requisito indispensável o progresso nas ciências matemáticas, físicas, químicas e biológicas. Homens de negócio, valendo-se de técnicos especializados, apoderaram-se das novas descobertas no domínio das forças ocultas da natureza, levadas a efeito por cientistas, e delas tiravam proveito. As modernas minas, fábricas, estradas de ferro, vapores, telégrafo, todos os utensílios e equipamentos de produção e transporte resultam de conhecimentos científicos e continuariam inalterados, mesmo que os habituais proveitos pecuniários da atividade econômica viessem a sofrer radical transformação. Em suma, mercê das invenções, o lema de Bacon, de que conhecer é poder, bem como seu sonho de contínuo domínio sobre as forças da natureza por meio das ciências naturais, fez-se realidade. A revolução industrial levada a cabo pelo vapor e a eletricidade é a resposta à profecia de Bacon.

Por outro lado, não menos verdade é que as necessidades da indústria moderna constituíram estímulos poderosos da investigação científica. As exigências de crescente produção e transporte trouxeram novos problemas à pesquisa; os processos usados na indústria sugeriram novos ensaios experimentais e novas operações na ciência; os capitais investidos nos negócios foram canalizados para fundos de pesquisa; a ininterrupta e universal interação das descobertas científicas e da aplicação industrial beneficiou tanto a ciência como a indústria, e levou à compreensão da mentalidade contemporânea o fato de que o ponto principal do conhecimento científico é o controle das energias naturais. Estes quatro fatos, ciência natural, experimentação, controle e progresso, ficaram indissoluvelmente ligados uns aos outros. Se até agora a aplicação dos métodos e dos resultados mais recentes da ciência tem influenciado os meios da vida, mais do que os fins da mesma vida; ou, melhor, se os ideais humanos até aqui só têm sido afetados de modo acidental e não orientados de modo inteligente, isso quer dizer que a mudança operada tem sido antes técnica do que humana e moral, antes de ordem econômica do que de ordem propriamente social. Isto, posto em linguagem baconiana, significa que se temos sido razoavelmente bem-sucedidos na conquista do domínio sobre a natureza por meio da ciência, nossa ciência não é ainda capaz de fazer com que esse domínio seja aplicado de forma sistemática e preponderante para a melhora da condição humana. Aplicações ocorrem, e ocorrem em grande número, mas são incidentais, esporádicas e limitam-se ao exterior. E esta limitação define o problema específico da reconstrução filosófica na atualidade, pois salienta as deficiências sociais mais graves que demandam inteligente diagnóstico, bem como o planejamento de alvor e métodos.

É desnecessário recordar que mudanças políticas importantes se seguiram à implantação da nova ciência e a suas aplicações industriais, e que algumas das diretrizes do progresso social já foram pelo menos elaboradas. O incremento das novas técnicas na indústria tem sido acompanhado em toda a parte pela queda das instituições feudais, segundo as quais os valores básicos da sociedade se aferiam pela vida agrícola e militar. Onde quer que a empresa comercial penetrou, no sentido moderno da expressão, se revelou a tendência de se transferir o poder da terra para o capital financeiro, dos campos para as cidades, da propriedade rústica para a fábrica, dos títulos sociais baseados na lealdade, no serviço prestado e na proteção, para os títulos decorrentes do controle do trabalho e da permuta de mercadorias. A mudança operada no centro político de gravidade fez com que o indivíduo se emancipasse dos vínculos de classe e de tradição, e deu origem a uma organização política que depende menos da autoridade superior, e mais da escolha voluntária. Em outras palavras, os Estados modernos são tidos, menos como divinos, e mais como obras humanas, do que outrora o foram; são considerados, menos como manifestações necessárias de princípios supremos que tudo regem, e mais como invenções de homens e mulheres em ordem a satisfazerem seus desejos.

A teoria contratual da origem do Estado é uma teoria cuja falsidade pode ser facilmente demonstrada tanto filosófica quanto historicamente. Contudo, gozou de grande entusiasmo e exerceu profunda influência. Segundo ela, em algum tempo no passado, os homens voluntariamente se reuniram e por acordo mútuo se obrigaram a observar determinadas leis e a se submeterem a determinada autoridade, constituindo dessa forma o Estado e tornando efetivas as relações entre governantes e governados. Esta teoria, semelhante a muitas outras coisas em filosofia, embora destituída de valor histórico, é de grande validade como sendo um sintoma da direção para onde convergiam as aspirações humanas. Ela testemunha a crença crescente de que o Estado existe para satisfazer as necessidades humanas e pode ser moldado pela intenção e determinação da vontade. A teoria de Aristóteles, de que o Estado existe por imperativo da natureza, não satisfaz os pensadores do século XVII, porque fazendo do Estado um produto da natureza, parecia situar a constituição fora do alcance da opção humana. Por isto mesmo, mais significativa se faz a suposição da teoria contratual, pela qual os indivíduos, por suas decisões pessoais e exprimindo os seus ideais, trazem o Estado à existência. A rapidez com que a teoria ganhou terreno em toda a Europa ocidental revela até que ponto se haviam afrouxado os elos das instituições tradicionais, provando em que extensão os homens já haviam se libertado da absorção por grupos mais vastos e se tornado conscientes de si mesmos como indivíduos, possuidores de direitos e de aspirações por sua própria conta e não simplesmente por serem membros de uma classe, corporação ou posição social.

Lado a lado com esse individualismo político surgiu o individualismo religioso e moral. A doutrina metafísica da superioridade da espécie sobre o indivíduo, do universal permanente sobre o particular variável, era o suporte filosófico do institucionalismo político e eclesiástico. A igreja universal era o fundamento, fim e limite das crenças e dos atos dos indivíduos em matéria espiritual, exatamente como a organização hierárquica do feudalismo era base, lei e limite fixo de seu comportamento em matéria civil. Os bárbaros nórdicos, entretanto, nunca se submeteram completamente à influência das ideias e dos costumes clássicos. Aquilo que era nativo em regiões onde a vida derivava primariamente de mananciais latinos foi tomado por empréstimo e, mais ou menos, imposto por pressão externa à Europa germânica. O protestantismo assinalou o rompimento formal com o domínio das ideias romanas, e consumou a libertação da consciência e do culto individual, eximindo um e outra do controle de uma instituição organizada que se considerava permanente e universal. Não se pode, em verdade, dizer que o novo movimento religioso, em seu início, tenha ido muito longe na promoção da liberdade de pensamento e crítica, ou em denegar a noção de alguma autoridade suprema à qual a inteligência humana estivesse absolutamente submetida. Nem, a princípio, o protestantismo foi longe em favorecer a tolerância ou o respeito perante a divergência de convicções morais e religiosas. Mas, na prática, tendeu para a desintegração das instituições estabelecidas, e através da multiplicação de seitas e igrejas, encorajou, quando menos, uma tolerância negativa do direito, que assiste ao indivíduo, de julgar por si em matéria de últimas verdades. Com o tempo, foi se desenvolvendo e formulando a crença na sacralidade da consciência individual e no direito à liberdade de opinião, de crença e de culto.

Torna-se desnecessário salientar o quanto a difusão desta convicção aumentou o individualismo político, ou quanto estimulou o gosto dos indivíduos em submeter a exame ideias herdadas no domínio científico e filosófico – em pensar, observar e experimentar por si próprios. O individualismo religioso serviu para fornecer uma ratificação à iniciativa e independência do pensamento em todas as esferas, mesmo quando os movimentos religiosos se opunham oficialmente à liberdade que ultrapassasse determinado limite. Contudo, o maior feito do protestantismo consistiu em desenvolver a ideia da personalidade de cada ser humano como um fim em si. Quando os seres humanos começaram a ser considerados capazes de entrar em relação direta com Deus sem o intermédio de qualquer organização, como a Igreja; e quando o drama do pecado, da redenção e da salvação, começou a ser representado no fundo da alma dos indivíduos mais do que na espécie da qual o indivíduo era uma parte subordinada, nesse momento, um golpe fatal foi desferido em todas as doutrinas que pregavam subordinação da personalidade e teve muitos reflexos políticos em relação ao desenvolvimento da democracia. Quando a ideia do valor intrínseco de cada alma foi proclamada na religião, foi difícil evitar que ela extravasasse para o domínio das relações seculares.

É óbvio o absurdo de se tentar resumir em parágrafos os movimentos que se produziram na esfera industrial, política e religiosa, cuja influência está ainda bem longe de se considerar exaurida, e sobre os quais centenas e milhares de livros são escritos. Entretanto, conto com a indulgência do leitor e lembro que as referências aqui feitas a essas questões visam apenas apontar algumas das forças que interferiram na demarcação dos roteiros seguidos pelas novas ideias. Em primeiro lugar, temos a transferência de interesse do que é eterno e universal, para o que é instável, específico e concreto. Transferência essa que praticamente se manifestou no desvio da atenção e do pensamento de um outro mundo, para este em que vivemos, na rejeição do supernaturalismo característico da Idade Média para desfrutar os encantos da ciência natural, da atividade e do convívio naturais. Em segundo lugar, verifica-se a decadência gradual da autoridade das instituições fixas e das distinções e relações de classes; e a crença, cada vez mais convicta na capacidade da inteligência individual, guiada pelos métodos de observação, experimentação e reflexão, chegar à posse das verdades necessárias à boa orientação na vida. As operações e os resultados da pesquisa natural ganharam prestígio e poder, a custo dos princípios ditados por uma autoridade superior.

Consequentemente, princípios e supostas verdades são julgados, mais e mais, pelo critério de que tanto suas origens quanto suas consequências boas e más se encontram na experiência, adotando-se cada vez menos o critério de uma origem sublime que transcenda a experiência cotidiana, e independente dos frutos assinaláveis nesta última. Não se julgam mais os princípios por sua elevação, nobreza, universalidade e consagração pelo tempo; exige-se que apresentem sua certidão de nascimento, que atestem precisamente em que condições da experiência humana foram gerados, que se justifiquem por suas obras, presentes e potenciais. Tal é o sentido íntimo do apelo moderno à experiência como critério último de valor e de validade. Em terceiro lugar, grande é a importância que se atribui à ideia de progresso. Mais do que o passado, o futuro toma conta da imaginação: a Idade de Ouro situa-se à nossa frente, não atrás de nós. Por toda parte, novas possibilidades acenam e suscitam a coragem e o esforço. Os grandes pensadores franceses do século XVIII apossaram-se desta ideia de Bacon e a articularam em doutrina da indefinida perfeição do gênero humano sobre a Terra. O homem é capaz de talhar seu próprio destino: basta-lhe que se resolva a cultivar a inteligência, a despender a coragem e os esforços necessários para tal, uma vez que as condições físicas não constituem barreiras intransponíveis. Em quarto lugar, o estudo paciente e experimental da natureza, responsável por invenções que a controlam e que subordinam suas forças às necessidades sociais, é o método pelo qual o progresso é feito. Conhecer é poder, e o conhecimento se conquista quando o espírito frequenta a escola da natureza, para aí aprender a série de fenômenos que nela se processam.

Neste momento, como anteriormente, não encontro melhor maneira de terminar do que me referir às novas responsabilidades impostas à filosofia, e às imprevistas oportunidades que se lhe rasgam adiante. De modo global, o efeito mais surpreendente de tais mudanças até o momento presente tem sido o de substituir o idealismo baseado na metafísica da antiguidade clássica por um idealismo baseado na epistemologia, ou teoria do conhecimento.

A filosofia moderna, em seus inícios (embora sem disso ter consciência), defrontou-se com o problema de reconciliar a teoria tradicional, de base racional e ideal da matéria e fim do universo, com os novos interesses da mente individual, e com a nova confiança desta em suas capacidades. Encontrava-se perante um dilema. De um lado, não tinha nenhuma intenção de se extraviar num materialismo que subordinava o homem à existência física e o espírito à matéria – especialmente no momento preciso em que, no mundo prático, homem e o espírito estavam começando a adquirir real governo sobre a natureza. Do outro lado, a concepção de que o mundo, tal como se apresentava, era a corporificarão de uma Inteligência ou Razão fixa e compreensiva, mostrava-se incompatível com as concepções que vinham ganhando curso e cujo interesse básico girava em torno das deficiências do mundo e dos esforços envidados com o fim de remediá-las. O efeito do idealismo teológico objetivo, que se tinha originado no idealismo metafísico clássico, foi o de tornar o espírito submisso e condescendente. O novo idealismo sentia-se impaciente com as restrições impostas pela noção de uma razão universal que tivesse, uma vez por todas, formulado a natureza e o destino.

Diante de tudo isto, o pensamento moderno, ao romper com o pensamento antigo e medieval, continuou a linha da velha tradição referente à Razão que cria e constitui o mundo, combinando-a com a noção de que essa Razão opera mediante a mente humana, individual ou coletiva. Esta é a nota comum do idealismo, emitida por todas as filosofias dos séculos XVII e XVIII, filiadas na escola britânica de Locke, Berkeley e Hume, ou na escola continental de Descartes. Em Kant, como sabemos, as duas correntes se juntaram; e tornou-se explícito o tema da formação do mundo cognoscível por meio de um pensamento que opera exclusivamente através do homem em sua capacidade de conhecer. O idealismo cessou de ser metafísico e cósmico para se tornar epistemológico e pessoal.

É evidente que este desenvolvimento representa apenas um estágio de transição. Tentou apenas colocar o vinho novo em garrafas velhas, não tentando, porém, articular uma franca e imparcial formulação do poder de dirigir as forças da natureza mediante o conhecimento – ou seja, uma ação deliberada e experimental, no sentido de remodelar as crenças e de reformar as instituições. A antiga tradição era ainda bastante forte para se projetar inconscientemente nos modos de pensar do homem e impedir e comprometer a expressão das forças e aspirações realmente modernas. Uma reconstrução filosófica de base se faz importante na tentativa de expor, de um modo livre da influência dos fatores herdados e incompatíveis com a nova situação, as causas e forças à margem daquelas limitações. Tal reconstrução encarará a inteligência, não como formadora original e causa última das coisas, mais sim como formadora resoluta e enérgica daquelas fases da natureza e da vida que obstruem o bem-estar social; apreciará o indivíduo, não como um "Eu" exageradamente autossuficiente que por artes mágicas cria o mundo, mais sim como o agente que, mercê de iniciativa, espírito inventivo e trabalho inteligente, é responsável pela recriação do mundo, e pela transformação do mesmo mundo em instrumento e em posse da inteligência.

A corrente de ideias, representada pelo prolóquio baconiano "Conhecer é Poder", falhou na tentativa de articular uma doutrina emancipada e independente. As suas ideias emaranharam-se irremediavelmente em pontos de vista e em preconceitos que corporificavam uma tradição social, política e científica, com os quais eram completamente incompatíveis. A obscuridade, a confusão da moderna filosofia é o produto dessa tentativa de combinar duas coisas que não podem ser combinadas, nem logicamente nem moralmente. A reconstrução filosófica, no momento presente, é o esforço para desfazer o emaranhado e permitir que as aspirações baconianas tenham expressão livre e desembaraçada. Consideraremos a reconstrução necessária nas conferências subsequentes, à medida que ela afeta certas antíteses filosóficas clássicas, como as da experiência e razão, do real e ideal. Mas, primeiro precisamos considerar o efeito modificador exercido sobre a filosofia pela concepção modificada da natureza animada e inanimada que devemos ao progresso da ciência.

[Capítulo III]

O Fator Científico na Reconstrução da Filosofia

A FILOSOFIA COMEÇA COM UMA MANEIRA, DE CERTA FORMA, PROFUNDA E AMPLA DE RESPONDER ÀS DIFICULDADES QUE A VIDA APRESENTA, MAS DESENVOLVE-SE APENAS QUANDO ENCONTRA OS MATERIAIS NECESSÁRIOS PARA QUE ESSA RESPOSTA SEJA CONSCIENTE, ARTICULADA E COMUNICÁVEL. Juntamente com as transformações econômicas, políticas e de cunho religioso, às quais já nos referimos anteriormente, houve uma revolução científica de larga envergadura que quase não deixa intacto nenhum pormenor da crença relativa à natureza física e humana. Em parte, essa transformação científica ocorreu justamente pela mudança de comportamento e de atitude prática dos homens. Contudo, à medida que progrediu, passou a aparelhar a nova atitude do espírito com vocabulário apropriado, condizente com suas necessidades, articulando-a aos poucos. O progresso da ciência, em suas mais vastas generalizações e em suas específicas minúcias, constitui, precisamente, o equipamento intelectual de ideias e fatos concretos, indispensável para se formular, precipitar, comunicar e propagar a nova mentalidade. A proposta atual é tratar exatamente dessas concepções opostas sobre a estrutura e a constituição da Natureza, as quais, quando aceitas como autoridade da ciência (suposta ou real), formam o paradigma intelectual da filosofia.

Selecionamos concepções opostas da ciência antiga e da moderna, pois não há outro modo, pelo qual a verdadeira importância filosófica da imagem do mundo, traçada pela ciência moderna, possa ser apreciada, senão pelo contraste com a imagem anterior que forneceu à metafísica clássica sua base e confirmação intelectual. O mundo em que os filósofos de antigamente se baseavam era fechado; consistia, internamente, num limitado número de formas fixas e, externamente, possuía fronteiras bem definidas. O mundo da ciência moderna é aberto, indefinidamente variável, sem a possibilidade de ser circunscrito em sua constituição interna; um mundo que, externamente, se estende além de qualquer fronteira. Em segundo lugar, o mundo em que até os homens mais inteligentes de épocas anteriores julgavam viver, era um mundo fixo, um domínio em que qualquer mudança somente acontecia dentro de limites imutáveis de inércia e de permanência; em que a imobilidade, como já observamos, era superior, mais importante em qualidade e autoridade, do que o movimento e a mudança. Enfim, aquele que os homens viam, retratavam na imaginação e reproduziam em seus planos de conduta, era um mundo de reduzido número de classes, espécies, formas distintas e separadas por qualidade (como devem ser as formas e as espécies) e dispostas numa ordem graduada de superioridade e inferioridade.

Não é fácil relembrar a imagem do universo que se supunha como verdadeira no mundo de tradição. A despeito de sua interpretação dramática (como em Dante), a despeito das elaborações dialéticas de Aristóteles e São Tomás, a despeito do fato de essa imagem ter mantido em cativeiro o espírito humano até três séculos atrás, e de sua destruição ter provocado profundas modificações religiosas, a despeito de tudo isso, é uma imagem presente, indistinta, desmaiada e remota. Restaurá-la como algo teórico e abstrato não é fácil. Mas, sobretudo, é impossível relembrá-la novamente, como algo que penetre e se entrelace com todos os detalhes da reflexão e da observação, com planos e regras de comportamento. Contudo, precisamos ter em mente, da melhor forma que pudermos, um universo absolutamente fechado, alguma coisa que possa ser denominada universo em sentido literal visível, tendo a Terra como um centro fixo e imóvel, e, em igual circunstância, a abóbada celeste de estrelas fixas, movendo-se num eterno círculo de éter divinal, englobando as coisas e as mantendo perenemente unidas e ordenadas. A Terra, apesar de ocupar o centro, é a mais grosseira, mais rude, mais material, e menos importante e boa (ou perfeita) das partes deste mundo fechado; é o cenário de flutuações e vicissitudes máximas; é a parte menos racional e, consequentemente, a menos perceptível ou cognoscível; e quase nada oferece que dê motivo a contemplação, provoque admiração e sirva para governar a conduta. Entre este centro profundamente material e o céu imaterial, espiritual e eterno estende-se uma série de regiões em que se movem a Lua, os planetas, o Sol, etc., cada um deles ganhando em dignidade, valor, racionalidade e autêntica existência, à medida que se distanciam da Terra e se aproximam do céu. Cada uma dessas regiões é composta de sua própria parcela de terra, água, ar, fogo, em grau dominante peculiar a cada uma, até chegarmos ao firmamento celestial, que transcende todos esses princípios, sendo constituído, como acabamos de dizer, pela energia imaterial e inalterável denominada éter.

Sem dúvida, operam-se mudanças dentro desse universo estanque e fechado. Mas tais mudanças são apenas as de número reduzido de espécies fixas, verificadas somente dentro de limites bem definidos. Cada espécie de matéria tem seu movimento próprio. As coisas terrestres são, por natureza, pesadas, por serem brutas; por isso movem-se para baixo. O fogo e os elementos superiores são leves e por isso movem-se para cima, em direção a seus lugares próprios; o ar ascende somente ao plano dos planetas e se move de um para o outro, como lhe compete naturalmente, conforme se evidencia nos ventos e na respiração. O éter, por ser o mais elevado elemento físico que é, tem movimento puramente circular. O retorno diário das estrelas fixas possivelmente é a ideia mais próxima que se tem de eternidade e a revolução da mente centrada sobre seu eixo ideal da razão. Sobre a Terra, em virtude de sua natureza terrestre – ou, antes, de sua carência de virtude – o cenário é de pura mudança; mero fluxo, incerto e inexpressivo, oriundo num ponto indefinido, chegando a lugar algum, sem significado algum. Simples mudanças de quantidade, inteiramente mecânicas, como a areia movimentada pelo mar, podem ser sentidas, mas não podem ser "notadas" ou compreendidas; carecem de limites fixos que as canalizem; são desprezíveis, casuais, acidentais.

Somente as mudanças que resultam em formas definidas ou fixas revestem-se de alguma importância e se prestam a alguma explicação – a algum logos ou razão. O crescimento das plantas e dos animais ilustra a mais alta qualidade de mudança possível na esfera sublunar ou mundana, indo de uma forma fixa definida a outra. O carvalho gera somente o carvalho, a ostra só gera ostras, o homem só gera homens. Sem dúvida, entra em cena o fator material da produção mecânica, mas isso só acontece de modo incidental, a fim de evitar a consumação plena de cada espécie e causar as inexpressivas variações que diversificam os carvalhos das ostras; ou, em casos extremos, para produzir animais ou plantas anormais, monstros, homens de três mãos ou com quatro dedos nos pés. Além das variações acidentais e desagradáveis, cada indivíduo tem uma missão a cumprir, um caminho certo que percorrer. Termos que parecem modernos, palavras como "potencialidade" e "desenvolvimento" abundam no pensamento aristotélico, levando alguns a interpretações modernas equivocadas. Mas o sentido desses vocábulos no pensamento clássico e medieval é rigidamente determinado pelo contexto em que se encontram. O desenvolvimento refere-se apenas ao curso de mudanças percebidas num indivíduo particular da espécie; é só um nome para o movimento predeterminado que vai do fruto ao carvalho. Verifica-se, não nas coisas globalmente tomadas, mas só em algum dos indivíduos numericamente insignificantes da espécie "carvalho". "Desenvolvimento", "evolução" nunca significam, tal como acontece na ciência moderna, origem de novas formas, mutação de velhas espécies, mas apenas a passagem monótona de um ciclo de mudanças previamente planejado. Do mesmo modo, a palavra "potencialidade" não significa, como na vida moderna, possibilidade de inovação, de invenção, de desvio radical, mas somente o princípio em virtude do qual o fruto se transforma em carvalho. Tecnicamente é a capacidade de movimento entre polos opostos. Somente o frio pode passar a quente, somente o seco pode passar a úmido, somente a criança pode transformar-se em homem, a semente do trigo em espiga, e assim por diante. Potencialidade, em vez de implicar o aparecimento de qualquer coisa nova, significa meramente a facilidade com que uma coisa em particular repete os processos periódicos de sua espécie e, sendo assim, se torna um caso específico das formas eternas, nas quais e pelas quais todas as coisas são constituídas.

A despeito da quase infinita diversidade numérica de indivíduos, o número de espécies, gêneros ou classes é limitado. Ora, o mundo é essencialmente repartido em classes, previamente disposto em classes. Além disso, do mesmo modo que naturalmente dispomos as plantas e os animais em séries, categorias e graus, do mais baixo ao mais elevado, assim acontece com as demais coisas do universo. As classes distintas, a que as coisas pertencem por sua própria natureza, formam uma ordem hierárquica. Existem castas na natureza. O universo é constituído segundo um plano aristocrático, segundo um plano feudal. Espécies e classes não se mesclam nem se sobrepõem, salvo incidentalmente, resultando, assim, em caos. Por outro lado, cada coisa pertence antecipadamente a certa classe, e a classe tem seu lugar próprio e fixo na hierarquia do Ser. O universo é, na verdade, região arrumada e imaculada, cuja pureza é perturbada somente pelas mudanças irregulares nos indivíduos, devido à presença de uma obstinada matéria que recusa submeter-se integralmente à regra e à forma. Por outro lado, é um universo com lugar determinado para cada coisa, e em que cada coisa conhece e conserva seu lugar, sua posição, sua classe. Daí serem supremas as causas tecnicamente conhecidas como finais e formais, enquanto as causas eficientes são relegadas a posto inferior. A denominada causa final não passa de nome destinado a designar que existe alguma forma fixa característica de uma classe ou espécie de coisas, que regula o processamento das mudanças, fazendo com que a vejam como fim ou meta, que é a realização das suas próprias e verdadeiras naturezas. A região supralunar é o fim ou a causa final dos movimentos próprios do ar e do fogo; a terra é a dos movimentos das coisas brutas e pesadas; o carvalho, o fruto do carvalho; a forma madura oriunda da germinação.

A "causa eficiente", a que produz e instiga um movimento, é apenas uma mudança externa, no sentido em que acidentalmente se dá como que um impulso a um ser imaturo, imperfeito, e o põe em movimento para a sua forma perfeita ou completa. A causa final é a forma perfeita, considerada como explicação ou razão das mudanças precedentes. Quando a causa não se refere às mudanças que devem ser completadas até o repouso em si própria, denomina-se "causa formal", isto é, a natureza inerente ou propriedade que "faz" ou constitui uma coisa ser o que é, na medida que verdadeiramente é, ou seja, imutável. Lógica e praticamente, todos os traços enumerados são coerentes. Atacar um equivale a atacar todos. Se um deles for questionado, todos desaparecem. Esta é a razão pela qual a modificação intelectual dos últimos séculos pôde, com justiça, ser denominada revolução, pois introduziu uma concepção do mundo totalmente diferente da anterior. Pouco importa assinalar o ponto preciso em que surge a diferença, pois, em qualquer hipótese, seremos inevitavelmente levados a todos os demais pontos.

Em vez de um universo fechado, a ciência brinda-nos agora com um universo ilimitado no espaço e no tempo, sem limites aqui ou ali, nesta ou naquela extremidade, e infinitamente complexo, tanto na estrutura quanto na extensão. Daí ser também o universo um mundo aberto, infinitamente diversificado, mundo que, em outras épocas, mal poderia ser chamado de universo; tão múltiplo e extenso que não há possibilidade de sintetizá-lo e condensá-lo em nenhuma fórmula. E a mudança, e não a imutabilidade, é agora a medida da "realidade" ou energia do ser, a mudança é onipresente. As leis, que interessam ao homem moderno da ciência, são as leis do movimento, da geração e da consequência. O cientista de nossos dias fala de leis que os antigos falavam em espécie e essência, pois o que tem em mira é uma correlação de mudanças, e habilidade em esclarecer uma mudança ocorrendo em correspondência com outra. Não tenta definir nem delimitar algo que permanece constante na mudança; tenta, sim, descrever uma ordem constante de mudança. Mas o significado da palavra "constante" não é o mesmo nas duas afirmações do período precedente. Em um caso, trata-se de alguma coisa constante na existência, física ou metafísica; no outro, de algo constante em função e operação. A primeira é uma forma de ser independente; a outra, uma fórmula de descrição e de cálculo de mudanças interdependentes.

Em suma, o pensamento clássico aceitou uma ordem de classes ou espécies, dispostas à maneira feudal, dependendo cada uma delas de outra superior e, por sua vez, ministrando a regra de conduta e de serviço à inferior. Esta particularidade reflete muito de perto a situação social analisada no capítulo anterior, fazendo um paralelo a ela. Possuímos uma noção bem definida de sociedade organizada sobre a base feudal. O princípio de família, o princípio de parentesco é muito forte, e a verdade que ascendemos na escala social. No último degrau, os indivíduos, via de regra, se perdem no meio da multidão, pois, como todos são partes do mesmo rebanho, nada de específico lhes distingue o nascimento. Mas, dentro da classe privilegiada e dominante, o caso muda de figura. De pronto, os laços de parentesco singularizam externamente um grupo, conferindo-lhe distinção, enquanto, internamente, unem seus membros uns aos outros. Parentesco, espécie, classe, gênero são termos sinônimos que, partindo de fatos sociais e concretos, elevam-se ao plano técnico e abstrato; pois o termo parentesco denota uma natureza comum, algo universal e permanente, que se verifica em todos os indivíduos particulares e lhes confere unidade real e objetiva. Porque tais e tais pessoas são parentes, elas são realmente, e não só convencionalmente, separadas numa classe assinalada, o que as torna únicas em relação a isso. Todos os membros atuais integram uma unidade objetiva que inclui antepassados e descendentes e exclui os que pertencem a outro grau de parentesco ou espécie. Seguramente, ocorre um parcelamento do mundo em diferentes espécies, cada uma de natureza qualitativamente distinta em contraste com outras espécies, unindo entre si indivíduos numericamente distintos, evitando que suas diferenças excedam determinados limites. Sem exagero, pode-se denominar de uma projeção do princípio da família por todo o mundo.

Além disso, numa sociedade organizada em moldes feudais, cada parentesco, grupo ou espécie ocupa lugar definido e é marcado pela posse de uma categoria específica, superior ou inferior em relação a outros graus. Esta posição confere aos membros que a habilitam privilégios para impor certas reivindicações aos de escala inferior e para exigir deles a prestação de determinados serviços e homenagens aos membros da classe superior. Essa relação de causa e efeito move-se, por assim dizer, em linha vertical: prestígio e poder procedem de cima para baixo, e as atividades dos inferiores são cumpridas em atitude de respeito – literalmente – a quem está por cima. Ações e reações estão longe de se equipararem e de se manifestarem em algo apenas em sentido contrário. Sendo assim, toda ação é de uma só natureza, justamente de natureza senhorial, e procede do mais elevado para o mais baixo; ao passo que à reação compete, por natureza, a sujeição e a deferência, e procede do mais baixo para o mais elevado. A teoria clássica da constituição do mundo corresponde, ponto por ponto, a esta ordem de classes numa escala de dignidade e poder.

Uma terceira característica, atribuída pelos historiadores ao feudalismo, é que o critério de graduação se baseia no serviço militar e na relação de mediação entre a defesa armada e a proteção. Receio que o que fica dito sobre o paralelismo da cosmologia antiga com a organização social se afigure analogia imaginária, e que, se estabelecermos uma comparação entre essas duas coisas, criaremos a convicção de que estamos tentando forçar uma metáfora. Isso realmente acontecerá se tomarmos a comparação num sentido demasiado literal. Evitaremos, contudo, esse inconveniente, se concentramos a atenção na noção de governo e comando implicada nos dois termos da comparação. Já chamamos a atenção para o sentido que atualmente se dá ao vocábulo lei, isto é, relação constante entre mudanças. Todavia, frequentemente ouvimos referências a leis que "governam" acontecimentos, e não menos frequentemente se pensa, segundo parece, que os fenômenos se processariam em completa desordem, caso não existissem leis para mantê-los em ordem. Semelhante maneira de pensar é sobrevivência do hábito de descobrir semelhanças sociais na natureza – não necessariamente uma relação feudal, mas a relação entre governante e governados, entre soberano e súditos. A lei é assimilada a um comando ou ordem. Embora o fator vontade pessoal seja eliminado (como foi no mais elevado pensamento helênico), mesmo assim a ideia de lei, ou a ideia do universal, encontra-se impregnada do sentido de influência orientadora e reguladora manifestada desde cima sobre o que lhe está naturalmente abaixo. O universal governa da mesma forma que o fim, e o modelo que o artista tem em mente "governa" seus movimentos na execução de alguma obra artística. A Idade Média acrescentou a esta ideia grega de controle, a ideia de um comando procedente de uma vontade superior; daí a interpretação das operações naturais como se fossem o cumprimento de uma tarefa instituída por quem tem autoridade para dirigir a ação.

Os delineamentos do quadro da natureza traçados pela ciência moderna projetam-se em alto-relevo devido ao contraste com tais ideias. A ciência moderna iniciou seus primeiros passos quando astrônomos destemidos aboliram a distinção entre forças elevadas, sublimes e ideais, atuantes no céu, e forças baixas e materiais que atuam sobre os acontecimentos terrestres. Foi negada a pretensa heterogeneidade de substâncias e forças entre o céu e a terra; e afirmou-se que as mesmas leis são válidas em toda a parte, que existe homogeneidade de material e de processo em todos os recantos da natureza. O remoto e o esteticamente sublime terão de ser, cientificamente, descritos e explicados em termos de acontecimentos e de forças familiares. O material que permite manuseio direto e direta observação é o que pode inspirar maior confiança em nós, o que mais bem conhecemos. Enquanto não lograrmos converter as mais grosseiras e superficiais observações de corpos distantes nos céus em elementos idênticos aos das coisas que temos diretamente à mão, elas permanecerão obscuras e incompreendidas. Em vez de apresentarem valor superior, apresentam problemas: não são meios de esclarecimento, são desafios. A Terra não é superior ao Sol, à Lua e às estrelas em termos de categoria, mas igual em dignidade, e as ocorrências que nela se verificam fornecem a chave para compreender os eventos celestes. Tais ocorrências, se próximas, podem igualmente ser dominadas, manipuladas, desfeitas, reduzidas a elementos capazes de serem manejados, combinados à vontade em velhas e novas formas. Penso que o resultado líquido pode, sem grande exagero, ser denominado a substituição de um sistema feudal de uma gradação ordenada de classes gerais de desigual categoria por uma democracia de fatos individuais de categoria idêntica.

Um incidente importante da nova ciência foi a destruição do conceito de ser a Terra o centro do universo. Quando se extinguiu a ideia de um centro fixo, extinguiu-se também a noção de um universo fechado e a de barreiras celestiais que o confinassem. Para o sentimento helênico, precisamente porque a teoria grega do conhecimento era dominada por considerações de ordem estética, o finito era o perfeito. Literalmente, o finito era o acabado, o terminado, completo, tudo o que não apresentasse arestas escabrosas nem operações inexplicáveis. O infinito ou ilimitado carecia de cunho que o caracterizasse, justamente por ser infinito. Sendo tudo, nada era; era informe e caótico, incontrolado, ingovernável; era fonte de desacordos e de acidentes incalculáveis. Nossa atual maneira de sentir, que associa infinidade a poder ilimitado, à capacidade de expansão que não conhece fim, ao prazer experimentado num progresso que não possui limite externo, seria incompreensível, se não fosse o fato de o interesse ter sido transferido do plano estético para o prático; ou seja, o fato de o interesse em contemplar uma cena harmoniosa e completa ter sido transformado no interesse em alterar uma cena desarmoniosa. Basta ler os autores do período de transição, por exemplo, Giordano Bruno, para compreender qual a sensação de enjaulamento, de asfixia, associada a um mundo fechado, finito, e qual o sentimento de alegria, expansão e possibilidades ilimitadas despertado pelo pensamento de um mundo infinito no espaço e no tempo, internamente composto de elementos infinitesimais, infinitos em número. Aquilo que enojava os Gregos era acolhido com inebriante senso de aventura por tais autores. O infinito significava algo incapaz de ser jamais percorrido nem sequer pelo pensamento, portanto, algo para todo o sempre ignoto, por maiores que venham a ser os resultados obtidos pelo saber. Mas esse "perene desconhecido", em vez de engendrar indiferença e repulsa, era agora como que uma provocação estimuladora de contínuas e renovadas pesquisas, bem como o penhor de inexauríveis possibilidades de progresso.

O historiador sabe muito bem que os Gregos fizeram notáveis progressos no domínio da mecânica e da geometria. A primeira vista, parece estranho que o progresso na mecânica não implicou maior avanço no sentido da ciência moderna. O aparente paradoxo impele-nos a indagar por que motivo a mecânica continuou sendo ciência separada, por que não foi usada para descrever e explicar fenômenos naturais à maneira de Galileu e Newton. A resposta relaciona-se ao paralelismo social já mencionado. Socialmente falando, máquinas e utensílios eram coisas empregadas pelos artífices. A ciência da mecânica ocupava-se com os objetos de que se serviam mecânicos humanos, que eram de humilde posição. Eles se situavam no grau mais baixo da escala social, e, em tais condições, como poderia derivar deles a luz que ilumina o céu, o ponto mais alto da mesma escala? A aplicação de considerações de ordem mecânica aos fenômenos naturais implicaria, além disso, um interesse pelo controle prático e pela utilização dos fenômenos, totalmente incompatível com a importância atribuída às causas finais como determinantes fixas da natureza. Todos os reformadores científicos dos séculos XVI e XVII concordam de modo surpreendente em considerar a doutrina das causas finais como a causa do fracasso da ciência. Por quê? Porque essa doutrina ensinava que os processos da natureza são mantidos em submissão a certos fins fixos, para os quais devem tender a fim de que aconteçam. A natureza encontrava-se em situação de dependência, coagida, por assim dizer, a produzir um número restrito de resultados estereotipados: só um número relativamente diminuto de coisas poderia ser trazido à existência, e essas poucas coisas deveriam ser semelhantes aos fins que semelhantes ciclos de mudança haviam realizado no passado. O escopo da pesquisa e da inteligência confinava-se ao estreito círculo de processos que culminassem nos fins fixos oferecidos ao mundo observado. Na melhor das hipóteses, a invenção e a produção de novos resultados pelo uso de máquinas e instrumentos havia de circunscrever-se a artigos de dignidade transitória e de uso material, que não intelectual.

Liberta a natureza das faixas de fins fixos que a comprimiam, emanciparam-se a observação e a imaginação, ao mesmo tempo em que a experimentação para finalidades científicas e práticas recebeu valioso estímulo. Uma vez que os processos naturais não mais se restringiam a um número fixo de fins ou resultados inalteráveis, tudo que pudesse ser concebido também poderia acontecer. A questão se reduzia em saber quais os elementos passíveis de serem justapostos para que pudessem atuar uns sobre os outros. Imediatamente a mecânica deixou de ser ciência separada, para se converter em órgão de manobra da natureza. A mecânica da alavanca, da roda, da roldana e do plano inclinado mostrava com exatidão o que acontece quando os objetos no espaço são usados para se moverem uns em direção aos outros durante determinados períodos de tempo. A natureza inteira se transformou em cenário de impulsos e atrações, de engrenagens e alavancas, de movimentos de partes ou de elementos que eram diretamente aplicáveis às fórmulas de movimentos produzidos por máquinas familiares.

A expulsão de fins e formas para fora do universo configurou-se para muitos como um empobrecimento ideal e espiritual. Quando a natureza passou a ser encarada como jogo de interações mecânicas, perdeu aparentemente todo o sentido e finalidade. Sua glória a abandonou. A eliminação das diferenças de qualidade a privou de beleza. Com a negação de todos os anelos e tendências estimuladoras dirigidas a fins ideais, desviaram-se da natureza e das ciências naturais, o contato com a poesia, com a religião e com as coisas divinas. Parecia ter restado apenas uma exibição dissonante, bruta e desespiritualizada, de forças mecânicas. Como consequências, supuseram muitos filósofos que um de seus muitos problemas seria o de reconciliar a existência deste mundo meramente mecânico com a crença numa racionalidade objetiva e num fim para salvar a vida de um materialismo degradante. Daí o empenho de muitos em recuperar, mediante análise do processo de conhecer, ou epistemologia, aquela crença na superioridade do Ser Ideal antes firmada na base da cosmologia. Mas quando se admite que a teoria mecânica é determinada pelas exigências de um controle experimental das energias naturais, tal problema da reconciliação não mais nos incomoda. Relembremos, uma vez mais, que as formas e os fins fixos marcam limites fixos à mudança. Daí o inutilizarem todos os esforços humanos para produzir e regular a mudança, exceto no âmbito de apertados e insignificantes limites; paralisando as invenções humanas construtivas, mediante uma teoria que de antemão as condena ao fracasso. A atividade humana pode conformar-se apenas com fins já estabelecidos pela natureza. Só depois que os fins foram banidos da natureza é que as intenções lucraram em importância como fatores na mente do homem capazes de dar nova forma à existência. Um mundo natural que não subsiste para realizar um conjunto fixo de fins é relativamente maleável e plástico, capaz de ser usado indistintamente para este ou aquele fim. O fato de a natureza poder ser conhecida mediante a aplicação de fórmulas mecânicas é a condição primacial para pô-la ao serviço do homem. Utensílios e máquinas são meios a serem utilizados, e não resta dúvida de que só quando a natureza for encarada como mecânica é que a invenção e a construção sistemática de máquinas irão adquirir importância para as atividades da natureza. A natureza está agora sujeita às intenções humanas porque não é mais escrava de finalidade metafísica e teológica.

Bergson pôs em evidência que o homem poderia com propriedade chamar-se *Homo Faber.* Caracteriza-se por ser um animal que fabrica instrumentos. Isso tem sido assim considerado desde que o homem é homem. Mas até que a natureza fosse concebida em termos mecânicos, a produção de utensílios destinados a operar sobre ela e a transformá-la foi esporádica e acidental. Em tais circunstâncias, não teria sido possível ocorrer, mesmo a Bergson, que a capacidade de fabricar instrumentos fosse tão importante e fundamental, a ponto de ser empregada para definir o homem. As coisas que tornam o trabalho do cientista, especializado na ciência mecânico-física, esteticamente inútil e insípida, são as mesmas que tornam a natureza submissa ao controle humano. Sempre que as qualidades se subordinem às relações quantitativas e matemáticas, à cor, à música e à forma, deixam de pertencer ao objeto da indagação científica como tal. Mas as propriedades restantes, tais como o peso, a extensão, a velocidade mensurável de movimento, etc., eram justamente as qualidades que se prestavam à substituição de uma coisa por outra, à conversão de uma forma de energia em outra, à efetivação de transformações. Quando os fertilizantes químicos podem ser usados em lugar de adubos animais, quando cereais selecionados e gado selecionado podem ser produzidos deliberadamente a partir de animais e plantas inferiores, quando a energia mecânica pode ser convertida em calor, e a eletricidade em energia mecânica, o homem ganha poder para manipular a natureza e, mais do que isso, ganha poder para estabelecer novos fins e ideais e agir, em seguida, de modo sistemático, em ordem a realizá-los. Só a substituição e a convertibilidade indefinida sem consideração de qualidades tornam a natureza maleável. A mecanização da natureza é a condição de um idealismo prático e progressivo em ação.

Isso mostra claramente o quanto era absurdo na prática, e impotente no plano intelectual, o velho pavor e a aversão pela matéria como se ela fosse alguma coisa que se opusesse ao espírito e o ameaçasse, merecedora apenas de ser contida dentro das mais apertadas barreiras cognoscitivas; alguma coisa que deveria ser negada na medida do possível, pelo receio de que viesse a desrespeitar as intenções ideais e a desterrá-las finalmente do mundo da realidade. Julgada do mero ponto de vista científico, do ponto de vista que insiste em perguntas do tipo "o que faz e como funciona", a matéria significa condições. Respeitar a matéria equivale a respeitar as condições de realização: as condições que impedem e obstruem e que têm de ser modificadas, e as condições que auxiliam e promovem e que podem ser usadas para modificar impedimentos e alcançar fins. Só quando os homens aprenderam a prestar sincera e permanente atenção à matéria, às condições das quais depende negativa e positivamente o êxito de todo esforço, só então mostraram sinceridade e proveitoso respeito pelos fins e intenções. Dizer-se possuidor de um objetivo e logo após negligenciar os meios de executá-lo é enganar-se a si próprio, é autoilusão da mais perigosa espécie. Educação e moral começarão por se encontrar na mesma via de progresso onde por si mesmas se encontraram a indústria química e a medicina, quando também aprenderem com esmero a lição sobre a sincera e persistente atenção a ser dispensada aos meios e condições – ou seja, àquilo que o gênero humano por tanto tempo desdenhou, por ser material e mecânico. Quando tomamos os meios por fins é que realmente incidimos no materialismo moral. Mas, quando tomamos os fins, sem dar atenção aos meios, degeneramos no sentimentalismo. Em nome do ideal, recorremos à mera sorte e ao acaso, à magia, ou à exortação e pregações: ou então a um fanatismo que forçará a realização, a todo custo, de fins preconcebidos.

Neste capítulo tenho tocado de forma superficial em muitos pontos, embora tenha tido só um em mente. A revolução operada em nossas concepções da natureza e em nossos métodos de conhecimento sobre ela engendrou nova modalidade de imaginação e de anseio; e confirmou, além disso, a nova atitude criada pelas modificações econômicas e políticas, dotando-a de elementos intelectuais definidos que lhe permitiram formular-se e justificar-se.

Anteriormente, observamos que, na vida grega, o conhecimento prosaico, material ou empírico, se encontrava em grande desvantagem, comparado com as crenças imaginativas ligadas a certas instituições e hábitos morais. Agora, esse conhecimento empírico desenvolveu-se tanto que saiu de sua baixa e limitada esfera de aplicação e valor, tornando-se aparelho de imaginação inspiradora, introduzindo ideias de possibilidades ilimitadas, progresso indefinido, livre movimentação, iguais oportunidades, independentemente de limites fixos. Deu nova forma a instituições sociais e, concomitantemente, desenvolveu uma nova moral. Realizou valores ideais, convertendo-se em filosofia criadora e construtiva.

Contudo é mais conversível do que convertida, e, ao considerarmos a profundidade da filosofia clássica, incrustada nos hábitos do pensar e do agir, além de ser muito agradável às mais espontâneas crenças do homem, não temos de nos surpreender com as dores que acompanharam o nascimento da nova filosofia. É antes de se espantar que concepções tão desconcertantes, tão solapadoras, tenham conseguido abrir caminho sem mais perseguições, sem martírios nem distúrbios. Não causa surpresa que sua formulação completa e consistente tenha sido por muito tempo procrastinada, sendo que o melhor dos esforços envidados pelos pensadores foram inevitavelmente dirigidos a reduzir ao mínimo o choque da mudança, a abrandar a violência da transição, a desempenhar o papel de mediador e de reconciliador. Quando voltamos a atenção à maioria dos pensadores dos séculos XVII e XVIII, com exceção dos que eram declaradamente céticos e revolucionários, surpreende-nos a quantidade de temas e de métodos tradicionais encontrados até mesmo nas obras dos que eram tidos por mais avançados. Não é fácil aos homens desvencilharem-se de seus velhos hábitos de pensar, menos ainda libertarem-se de todos eles de uma vez. Quando desenvolvemos, ensinamos e recebemos novas ideias, somos compelidos a empregar algumas das velhas como instrumentos de compreensão e de comunicação. Só aos poucos, passo a passo, pode a nova ciência ser apreendida na plenitude de seu significado. Falando em termos aproximados, o século XVII presenciou sua aplicação na astronomia e cosmologia geral; o século XVIII, na física e química; o século XIX empreendeu sua aplicação na geologia e nas ciências biológicas.

Tem-se dito que já agora se tornou extremamente difícil salvar a concepção do mundo universalmente aceita na Europa até o século XVII. Mas, afinal de contas, basta recorrer à ciência das plantas e dos animais dos tempos anteriores a Darwin, e às ideias ainda agora prevalecentes na esfera moral e política para encontrarmos plenamente radicada na mente popular a antiga ordem de concepções. Enquanto o dogma de tipos e de espécies fixas e invariáveis, de arrumação em classes superiores e inferiores, de subordinação do individual transitório ao universal ou ao gênero, não fosse abalado no domínio que exercia sobre a ciência da vida, era impossível que novas ideias e novos métodos se tornassem familiares na vida social e moral. Não parece ser esta a missão do século XX, a de dar este passo derradeiro? Quando o passo for dado, o círculo do desenvolvimento científico será completado e a reconstrução da filosofia será fato consumado.

[Capítulo IV]

Concepções Mudadas de Experiência e de Razão

O que é Experiência e o que é Razão, Mente? Qual é o escopo da experiência e quais os seus limites? Até onde a experiência é fundamento sólido da crença e guia seguro da conduta? Podemos confiar nela no plano científico e de comportamento? Ou por acaso ela fica confusa, ao passarmos alguns pontos de interesse? Será que ela é tão volúvel, inconstante e superficial, que, em vez de nos proporcionar piso firme, e veredas seguras que nos levem a campos fecundos, nos extravia, engana e afunda? Existirá uma Razão fora e acima da experiência, como algo indispensável para ditar princípios certos à ciência e à conduta? Em certo sentido, estas perguntas sugerem problemas técnicos de abstrusa filosofia; noutro sentido, elas contêm as mais profundas questões relativas à vida humana, pois que dizem respeito aos critérios de que o homem tem de valer-se na formação de suas crenças, bem como aos princípios pelos quais deve orientar a vida, e aos fins para os quais há de dirigi-la. Deve o homem transcender a experiência mediante algum órgão de caráter único que o transporte para o plano do superempírico, ou, falhando este, terá de perambular, vítima da desilusão e do cepticismo? Ou será a experiência humana possuidora de mérito em seus propósitos e métodos de orientação? Poderá ela organizar-se em bases estáveis ou deverá ser mantida de fora?

Conhecemos as respostas da filosofia tradicional a essas interrogações. Não são completamente uniformes, mas concordam em afirmar que a experiência nunca se ergue acima do nível do particular, do contingente e do provável. Só um poder que transcenda, na origem e por seu conteúdo, toda e qualquer experiência concebível, poderá alcançar autoridade e direção universal, necessária e certa. Os próprios empíricos admitiram a exatidão de tais afirmações. Apenas disseram que, visto não existir uma faculdade da Razão Pura em posse da humanidade, devemos aceitar o que temos, a experiência, e utilizá-la o melhor possível. Contentaram-se em atacar os transcendentalistas de modo cético, e em apontar as vias pelas quais podemos apreender da melhor maneira o sentido e o bem do momento presente; ou, como fizera Locke, afirmaram que a experiência, a despeito de suas limitações, fornece a luz necessária para comedidamente guiar os passos do homem na vida. Afirmaram também que o suposto governo autoritário por parte de uma faculdade superior tem praticamente embaraçado a vida humana.

Esta conferência propõe-se mostrar como e por que motivo é agora possível reivindicar, em favor da experiência enquanto guia da ciência e da vida moral, méritos que os antigos empíricos não reivindicaram, nem podiam reivindicar.

Fato bastante curioso: a chave do problema pode ser encontrada na circunstância de a velha noção de experiência ter sido, em si, produto dela mesma – a única espécie de experiência franqueada ao homem. Se outra concepção é agora possível, é precisamente porque a qualidade da experiência, tal como hoje pode ser vivida, sofreu profunda mudança social e intelectual sobre aquela de tempos anteriores. A descrição da experiência, que encontramos em Platão e Aristóteles, é a descrição daquilo que realmente era a experiência grega, e acompanha muito de perto o que os psicólogos modernos conhecem como sendo o método de aprender por tentativa e erro, em oposição ao método de aprender por ideias. Os homens tentaram certos atos, suportaram certos sofrimentos e emoções. Cada um desses estados, ao tempo de sua ocorrência, é isolado, particular – sua contrapartida é apetite transitório, é sensação fugaz. A memória, porém, preserva e acumula esses incidentes separados. À medida que eles vão se empilhando, tudo que neles represente variação irregular será cancelado, ao mesmo tempo em que as características comuns são selecionadas, reforçadas e combinadas. Gradualmente vai se formando um hábito de ação e, de acordo com ele, cria-se como que um quadro generalizado de um objeto ou situação. Chegamos a conhecer ou notar não simplesmente este particular, que, como particular, não pode estritamente ser conhecido (pois, não estando classificado, não pode ser caracterizado e identificado), mas a reconhecê-lo como homem, árvore, pedra, couro – como indivíduo de certa espécie, assinalado por certa forma universal característica de toda uma espécie de coisas. Em conjunto com o desenvolvimento deste conhecimento do senso comum, evolui certa regularidade de conduta. Fundem-se os incidentes particulares, e articula-se um modo de agir que é geral, tanto quanto isso é possível. A perícia desenvolve aquilo que é exibido pelo artífice – seja ele sapateiro, carpinteiro, ginasta, médico – maneiras regulares de tratar os casos individuais. Sem dúvida, esta regularidade significa que o caso particular não é tratado como tal isoladamente, senão como um caso de uma espécie, o qual, portanto, exige uma espécie de ação. Entre as inúmeras doenças particulares encontradas, o médico, ao mesmo tempo em que aprende a classificar alguma delas como indigestão, aprende igualmente a tratar os casos da classe de modo geral ou comum. Formula a regra de recomendar determinado regime, e de prescrever determinado remédio. Tudo isto constitui o que chamamos experiência, e dá em resultado, como mostra o exemplo, um certo discernimento geral, bem como certa habilidade organizada de ação.

Todavia, não vale a pena insistir, a generalidade e a organização são restritas e falíveis. Como Aristóteles gostava de salientar, elas firmam-se, na maioria dos casos, usualmente coma regra de necessidade, ou como princípio, mas não universalmente. O médico está sujeito a enganar-se, porque os casos individuais estão sempre, inexplicavelmente, apresentando variações: tal é a sua natureza. A dificuldade não tem origem em uma experiência defeituosa capaz de ser sanada por uma experiência melhor. Como tal, a experiência é defeituosa e, portanto, faltas são inevitáveis e irremediáveis. A única universalidade e a única certeza encontram-se numa região acima da experiência, na região do racional e do conceitual. Do mesmo modo que o particular era trampolim para a imagem e o hábito, o hábito pode tornar-se trampolim para concepções e princípios. Só que as concepções e os princípios deixam a experiência para trás, intacta; não reagem no sentido de retificá-la. Tal é a noção que persiste no contraste entre "empírico" e "racional", como quando, por exemplo, dizemos que determinado arquiteto ou médico é empírico, e não científico, em seus métodos de proceder. Mas a diferença entre a noção clássica e a moderna de experiência manifesta-se no fato de tal afirmação constituir agora uma investida, uma acusação depreciativa, dirigida contra determinado arquiteto ou médico. Em Platão e Aristóteles, bem como na Filosofia Escolástica, a acusação era endereçada contra as profissões, por estas serem modos de experiência. Era a condenação de toda ação prática, em confronto com a contemplação conceitual.

O filósofo moderno, ao se professar um empiricista, teve, via de regra, um propósito crítico em mente. Como Bacon, Locke, Condillac e Helvetius, deparava com um corpo de crenças e com um conjunto de instituições, em que não acreditava de maneira nenhuma. Seu problema era o de investir contra todo esse peso morto carregado inutilmente pela humanidade, distorcendo-o e esmagando-o. Seu modo mais rápido de minar e desintegrar essas instituições consistiu em apelar para a experiência como prova final e critério último. E, assim, em cada caso, os reformadores ativos se revelaram "empiricistas" no sentido filosófico do termo. Assumiram para si a tarefa de mostrar que qualquer crença ou instituição, que reivindicasse a sanção de ideias inatas ou de concepções absolutas, ou se atribuísse uma origem fundada em revelação autoritária da razão, procedia, de fato, de origens mais modestas, ou seja, da experiência, e se havia consolidado por acidente, por interesse de classe, ou por autoridade facciosa.

O empirismo filosófico iniciado por Locke era, pois, desintegrador em suas intenções, acreditando, no melhor dos otimismos, que, tão logo fosse removido o fardo do costume cego, da autoridade imposta e das associações acidentais, espontaneamente se processaria o progresso na ciência e na organização social. Sua missão seria a de auxiliar na remoção do fardo. A melhor maneira de liberar os homens da carga seria mediante a história natural da origem e do crescimento de ideias ligadas a crenças e costumes agora inaceitáveis. Legitimamente Santayana qualifica de mal-intencionada ou maliciosa a psicologia desta escola, porque, a seu ver, tendia a identificar a história da formação de certas ideias com o relato das coisas a que as ideias se referiam – identificação que naturalmente tinha um efeito desfavorável nas coisas. Mas Santayana deixa de notar o entusiasmo, e zelo social que jazia latente na malícia. Não salienta que essa "malícia" tinha em mira instituições e tradições que haviam perdido sua utilidade; não salienta que, em larga escala, era verdade que um relato de suas origens psicológicas equivaleria a um relato destruidor das próprias coisas. Mas, após Hume ter posto em relevo, com meridiana clareza, que a análise de crenças em sensações e associações deixava as ideias e instituições "naturais" na mesma posição em que os reformadores haviam colocado as ideias e instituições "artificiais", então a situação mudou. Os racionalistas empregaram a lógica do empirismo-sensacionalista para mostrar que a experiência, fornecendo apenas um amontoado de fatos particulares caóticos e isolados, é tão fatal à ciência e às leis e obrigações morais, quanto as instituições obnóxias; e concluíram ser necessário recorrer à "Razão", a fim de prover a experiência com quaisquer princípios de conexão e unificação. O novo idealismo racionalista de Kant e de seus sucessores parece se ter feito necessário em face dos resultados totalmente destrutivos da nova filosofia empírica.

Duas coisas possibilitaram uma nova concepção da experiência e uma nova concepção da relação entre razão e experiência, ou, mais, exatamente, do lugar da razão na experiência. O fator primacial foi a mudança operada na atual natureza da experiência, de seu conteúdo e seus métodos, conforme ela é hoje realmente vivida. O outro fator foi o desenvolvimento de uma psicologia baseada na biologia, que tornou possível uma nova formulação científica da natureza da experiência.

Comecemos pelo lado técnico: a mudança na psicologia. Só agora estamos começando a apreciar quão redondamente falsa é a psicologia que dominou a filosofia durante os séculos XVIII e XIX. De acordo com esta psicologia, a vida mental origina-se em sensações que, recebidas separadas e passivamente, se aglutinam, em conformidade com as leis da retenção e da associação, num mosaico de imagens, percepções e concepções. Os sentidos eram considerados como portões ou vias de acesso do conhecimento. A mente, salvo quanto a combinar sensações, era inteiramente passiva e aquiescente ao conhecimento. A volição, a ação, a emoção e o desejo, seguem o rasto das sensações e imagens. Em primeiro lugar vem o fator intelectual ou cognitivo, sendo a vida volitiva e emotiva apenas subsequente conjunção de ideias com sensações de prazer e dor.

O efeito do desenvolvimento da biologia consistiu em inverter este quadro. Onde quer que há vida, há comportamento, há atividade, e para que a vida possa continuar torna-se necessário que essa atividade seja contínua e adaptada ao meio ambiente. Além disso, esse ajuste adaptativo não é completamente passivo; não é uma simples questão de o organismo se deixar moldar pela ambiência. A própria ostra exerce influência sobre o meio ambiente e, até certo ponto, o modifica: seleciona materiais para sua nutrição e para a concha que a protege, fazendo assim alguma coisa para o meio, bem como para si mesma. Não existe, no ser vivo, coisa que seja mera conformidade às condições, muito embora certos parasitas se aproximem deste limite. Em benefício da manutenção da vida opera-se sempre, no meio ambiente, a transformação de alguns elementos. Quanto mais elevada a forma de vida, mais importante é a ativa reconstrução do meio. Pode-se ver quanto esse controle é crescente, pelo contraste entre o selvagem e o homem civilizado. Suponhamos que os dois estejam vivendo na selva. No selvagem verifica-se o máximo de acomodação às condições existentes; o mínimo daquilo que podemos chamar golpes de resposta, de réplica, de troco. O selvagem toma as coisas "como elas são", e servindo-se de cavernas, raízes e, ocasionalmente, de poços, leva uma existência pobre e precária. O homem civilizado sobe as montanhas distantes, para aí deter o curso das águas, constrói reservatórios, abre canais, e conduz a água aonde antes havia um deserto. Percorre o mundo à procura de plantas e animais que evoluam; seleciona as plantas nativas e melhora-as pelo hibridismo ou cruzamento; introduz máquinas para lavrar a terra e cuidar das safras. São esses os meios de que se vale para que a selva floresça como a rosa.

Tais cenários de transformação são tão familiares que acabamos por não perceber seus significados. Na realidade, esquecemos que o vigor próprio da vida é exemplificado neles. Perceba que tipo de mudança este ponto de vista impõe às noções tradicionais da experiência. Agora a experiência converte-se em coisa primariamente ativa. O organismo não fica parado, tal como Micawber, sempre à espera de algo fortuito; não permanece passivo e inerte, aguardando que alguma coisa o impressione desde o exterior; pelo contrário, age sobre o meio ambiente, de acordo com sua própria estrutura, simples ou complexa. Em consequência, as mudanças produzidas no meio ambiente reagem sobre o organismo e sobre suas atividades, de sorte que o ser vivente experimenta, e sofre as consequências de seu próprio comportamento. Esta conexão íntima entre agir, sofrer ou submeter-se a formas constitui aquilo que denominamos experiência. Ações desconexas e sofrimentos desconexos não são experiências. Suponhamos que o fogo se ateia num homem que está dormindo. Parte de seu corpo é queimada pelas chamas. Entretanto, a queimadura não resulta do que ele fez. Não há nada em qualquer modo instrutivo que possa ser denominado experiência. Há, sim, uma série de meras atividades, tais como contrações espasmódicas dos músculos. Os movimentos nada significam; não implicam consequências para a vida, ou, se as implicam, não estão ligadas a nenhuma ação anterior. Não há experiência, nem aprendizado, nem processo cumulativo. Suponhamos agora que uma criança irrequieta coloque o dedo no fogo. A ação é feita ao acaso, a esmo, sem intenção ou reflexão. Porém, alguma coisa acontece. A criança experimenta a sensação de queimadura, sofre dor. A ação e a experiência, a impressão e a queimadura, são coisas conexas: uma sugere e dá sentido à outra. Então, há experiência num sentido vital e significante.

A partir desse momento, algumas inferências importantes acontecem na filosofia. Em primeiro lugar, a interação do organismo e do meio ambiente, que resultam em algumas adaptações para a melhor utilização deste mesmo meio ambiente, é o fator mais importante, a categoria básica. O conhecimento é relegado para uma posição derivada, secundária em origem, mesmo que sua importância, quando estabelecida, seja dominante. O conhecimento não é algo de separado, e autossuficiente, mas está implicado no processo pelo qual a vida se sustenta e evolve. Os sentidos perdem seu lugar como condutores de conhecimento para ocupar o posto que de direito lhes compete como estímulos à ação. Para o animal, uma excitação da vista ou do ouvido não é parcela insignificante de informação de alguma coisa que indistintamente ocorre no mundo. É um convite e um incentivo para agir de forma necessária. É uma chave para o comportamento, fator diretivo de adaptação da vida ao ambiente; é algo urgente, e não cognitivo em qualidade. Toda a controvérsia entre empirismo e racionalismo, relativamente ao valor intelectual das sensações, torna-se, em face disto, infundada e obsoleta. Com efeito, a discussão sobre sensações enquadra-se agora no capítulo de estímulos e respostas imediatas, e não no capítulo do conhecimento.

Como um elemento consciente, a sensação é um sinal de interrupção num curso de ação previamente iniciado. Muitos psicólogos, desde os tempos de Hobbes, têm-se ocupado com o que denominam a relatividade das sensações. Sentimos ou temos a sensação do frio, mais no momento da transição do quente ao frio, do que de modo absoluto; a dureza é sentida ao lado de algo de menor resistência; e a cor é percebida em contraste com a luz clara ou com a escuridão, ou em contraste com algum outro matiz. Uma tonalidade ou cor inalterável e contínua não pode ser percebida ou sentida. Aquilo que tomamos por sensações monótonas prolongadas são, na verdade, impressões constantemente interrompidas por outros elementos, e representam uma série de excursões de um lado para outro. A relatividade da sensação, entretanto, foi indevidamente erigida em doutrina a respeito da natureza do conhecimento. Disto se serviram os racionalistas para desacreditar os sentidos como meios válidos ou superiores de conhecer os objetos, uma vez que, segundo a mesma doutrina, nunca logramos captar coisa alguma em si mesma ou intrinsecamente. Os sensistas valeram-se do fato para menosprezar toda e qualquer pretensão a um conhecimento absoluto.

Entretanto, o fato da relatividade da sensação não pertence, por forma alguma, à esfera do conhecimento. Sensações desta espécie são mais emocionais e práticas do que cognitivas e intelectuais; são choques de mudanças, devidos à interrupção de um ajustamento anterior; são sinais para a recondução da ação. Tomemos um exemplo trivial. A pessoa que está escrevendo não sente a pressão do lápis no papel ou na mão, quando a operação decorre normalmente. O lápis age meramente como estímulo a um ajustamento pronto e efetivo, e a atividade sensória incita automática e inconscientemente sua resposta propriamente motriz. Há uma conexão fisiológica pré-formada, que embora adquirida por força do hábito, remonta a uma conexão originária no sistema nervoso. Se a ponta do lápis se quebra ou se engrossa demasiadamente, a ponto de impedir que o hábito de escrever decorra de modo suave, verifica-se um choque consciente: – a impressão de ter ocorrido alguma coisa, a impressão de algo ter fracassado. Esta mudança emocional opera como estímulo a uma necessária mudança na atividade. O escrevente olha para o lápis, faz-lhe outra ponta ou retira outro lápis do bolso. A sensação atua como fulcro de reajustamento do comportamento, assinala uma quebra na rotina anterior de escrever, bem como o início de outro modo de ação. As sensações são "relativas", no sentido de marcarem transições nos hábitos de comportamento de um modo de se comportar para outro.

Assim, o racionalista tinha razão em negar que as sensações, como tais, fossem verdadeiros elementos de conhecimento. Contudo as razões por ele apresentadas em abono de semelhante conclusão, bem como as consequências que daí tirou, foram todas errôneas. As sensações não são partes de nenhum conhecimento, bom ou mau, superior ou inferior, imperfeito ou completo; são, antes, provocações, incitamentos, desafios a um ato de pesquisa que irá terminar no conhecimento. Não são modos de conhecer inferiores em valor aos modos reflexivos, aos modos que requerem pensamento e inferência, porque não são absolutamente modos de conhecer. São estímulos à reflexão e à inferência. Como interrupções, suscitam as perguntas: O que significa este choque? O que está acontecendo? O que há? Como as minhas relações com o meio ambiente estão sofrendo interferência? O que fazer? Como alterar o curso de minha ação para enfrentar a mudança operada na ambiência? Como deverei reajustar meu comportamento em resposta? A sensação é, como o sensista proclamava, o início do conhecimento, mas apenas no sentido de constituir que o choque de mudança experimentado é o estímulo necessário para a investigação e comparação, que eventualmente produzirão o conhecimento.

Quando a experiência se identifica com o processo vital e as sensações são tomadas como pontos de reajustamento, desaparece totalmente o suposto atomismo das sensações. Com este desaparecimento fica abolida a necessidade de uma faculdade sintética da razão superempírica para ligá-los. A filosofia não terá mais de enfrentar o problema desesperador de encontrar o modo pelo qual grãos de areia separados possam ser entrelaçados de maneira a formar uma cadeia forte e resistente, ou a criar a ilusão disso. Quando se percebe que as existências isoladas e simples de Locke e Hume não são verdadeiramente empíricas, mas apenas respostas a certas exigências de suas teorias sobre o espírito, cessa de existir a necessidade do bem elaborado maquinismo kantiano e pós-kantiano de conceitos e categorias, *a priori* destinados a sintetizar o pretenso estofo da experiência. O autêntico "estofo" da experiência são processos adaptativos de ação, hábitos, funções ativas, conexões de ação e reação, coordenações sensório-motoras. A experiência contém em si princípios de conexão e de organização, e tais princípios não são de maneira alguma sem valor, porque, antes do que epistemológicos, sejam vitais e práticos. Mesmo nos níveis ínfimos de vida, torna-se indispensável algum grau de organização. A própria ameba necessita alguma continuidade em sua atividade, e alguma adaptação ao meio ambiente. Sua vida e experiência não podem consistir em sensações atomizadas momentâneas, autoenclausuradas. Sua atividade está em referência com o ambiente e com o que já aconteceu ou está para acontecer. Esta organização, intrínseca à vida, torna desnecessária uma síntese sobrenatural e sobre-empírica, ao mesmo tempo em que ministra a base e o material para o desenvolvimento da inteligência como fator organizador dentro da experiência.

Deve-se também salientar a amplitude em que tanto a organização biológica quanto a social concorrem para a formação da experiência humana. Uma coisa que provavelmente corroborou a ideia de se considerar a mente passiva e receptiva em conhecimento foi a observação do desamparo em que se encontravam os seres humanos na fase inicial da existência. Mas essa observação aponta em direção totalmente oposta. Em virtude de sua dependência e impotência física, os contatos da criança com a natureza são feitos mediante outras pessoas. A mãe e a ama, o pai e outras crianças mais velhas determinam quais as experiências que o pequenino ente deverá ter; e constantemente o instruem quanto ao significado do que ele faz e daquilo por que passa. As concepções socialmente correntes e importantes tornam-se, para a criança, princípios de interpretação e avaliação, muito antes de ela chegar a possuir um controle pessoal e deliberado de conduta. As coisas vêm até ela vestidas de linguagem, não fisicamente nuas, e esta vestimenta de comunicação faz da criança uma participante nas crenças dos que a rodeiam. Essas crenças, e muitos outros fatos, formam sua mente e fornecem a ela os centros, em volta dos quais se ordenam suas diligências e percepções pessoais. Temos aqui "categorias" de conexão e unificação tão importantes quanto às de Kant, porém empíricas e não mitológicas.

Destas considerações elementares, um tanto técnicas, passamos a analisar a mudança pela qual a experiência passou desde os tempos antigos e medievais até a época moderna. Para Platão, a experiência significava uma escravização ao passado, à tradição e ao costume. A experiência era quase equivalente a costumes estabelecidos que não eram formados pela razão ou sujeitos a um controle inteligente, mas gerados pela repetição e pela regra cega do hábito. Somente a razão nos poderia erguer acima da sujeição aos acidentes do passado. Quando chegamos a Bacon e seus sucessores, descobrimos uma inversão curiosa. A razão, e seu guardião de noções gerais, é agora o fator conservativo e escravizador do espírito. A experiência é o poder libertador: significa o novo, aquilo que nos arranca à adesão ao passado, e nos revela novos fatos e verdades. A fé na experiência não produz devoção ao costume, mas sim esforço pelo progresso. Esta diferença de atitude é mais significativa, porque foi tida inconscientemente como garantida. Alguma mudança concreta e vital deve ter ocorrido em relação à experiência, tal como passou a ser vivida. Isso porque o pensamento da experiência vem após a experiência e molda-se pela vivência da própria experiência.

Quando a matemática e as demais ciências racionais se desenvolveram entre os Gregos, as suas verdades científicas não reagiram sobre a experiência quotidiana, mas permaneceram isoladas, à parte, como que superimpostas a essa mesma experiência. A medicina foi a arte em que se conseguiu obter maior soma de conhecimentos positivos, mas esta não chegou à dignidade de ciência. Continuou sendo arte. Além disso, nas artes práticas não se exercitava a capacidade de invenção consciente, nem havia o propósito de aperfeiçoamento. Os trabalhadores seguiam moldes que lhes haviam sido legados pela tradição; o afastar-se de tais padrões e modelos, via de regra, redundava em produções abastardadas. As melhorias provinham ou de lento, gradual e não reconhecido acúmulo de mudanças, ou então de alguma súbita inspiração que imediatamente impunha novo padrão. Não sendo o resultado de nenhum método consciente, era convenientemente atribuída aos deuses. Nas artes sociais, reformadores radicais, tal como Platão, supuseram que os males existentes eram devidos à ausência de padrões fixos, tais como os que controlavam a produção dos artífices. O significado ético da filosofia era o de fornecer tais padrões; e estes, uma vez instituídos, haveriam de ser consagrados pela religião, ornamentados pela arte, inculcados pela educação, feitos cumprir pelos magistrados, de forma que não fosse possível alterá-los.

Não é necessário repetir aquilo que tantas vezes se tem escrito: isto é, a eficiência do saber experimental para habilitar o homem a exercer controle intencional sobre seu meio. Mas como o impacto deste controle sobre a noção tradicional da experiência é frequentemente esquecido, precisamos salientar que quando a experiência deixa de ser empírica e se torna experimental, algo sumamente importante ocorreu. Os homens antigos empregavam os resultados de suas experiências anteriores somente para formar costumes que, daí em diante, deveriam ser cegamente seguidos, senão cegamente quebrados. Agora, a experiência anterior é usada para sugerir propósitos e métodos para se produzirem experiências novas e melhores. Consequentemente, a experiência torna-se construtiva e autorreguladora. O que Shakespeare disse, de maneira tão sugestiva, sobre a vida – "embora a experiência seja aperfeiçoada sem propósito aparente, a vida se incumbe de dar a ela um propósito" – torna-se uma verdade aplicável. Não temos que meramente repetir o passado ou esperar por acidentes que nos forcem a efetuar mudanças. Usamos nossas próprias experiências passadas para conduzir experiências novas e melhores no futuro. A própria experiência como fato inclui o processo pelo qual ela se conduz em seu próprio aperfeiçoamento.

Portanto, ciência, "razão", não é alguma coisa vinda do além para se incrustar na experiência; mas algo que nasce e se comprova na experiência, e que, depois, é utilizado mediante invenções, de várias formas diferentes, para expandir e enriquecer a experiência. Como dito anteriormente, embora a autocriação e a autorregulação sejam ainda muito mais tecnológicas do que verdadeiramente artísticas ou humanas, ainda assim conseguiram oferecer a garantia da possibilidade de uma administração inteligente da experiência. Devido aos defeitos de nossa boa vontade e nosso conhecimento, os limites são morais e intelectuais; não são metafisicamente inerentes à natureza da experiência. A "Razão", enquanto faculdade separada da experiência, que nos conduz a uma região superior de verdades universais, começa agora a ser considerada como algo de remoto, desinteressante e insignificante. A Razão, como faculdade kantiana que introduz na experiência a generalidade e a regularidade, parece-nos, cada vez mais, algo de supérfluo – uma criação desnecessária de homens aferrados ao formalismo tradicional e a uma terminologia laboriosa e complicada. Bastam-nos as sugestões concretas oriundas de experiências passadas, desenvolvidas e amadurecidas à luz das necessidades e deficiências do presente, empregadas como alvos e métodos de reconstrução específica, e apuradas através de êxitos ou malogros na execução dessa tarefa de ajustamento: a tais sugestões empíricas, usadas de maneira construtiva para novos fins, é que damos o nome de inteligência.

Este reconhecimento do lugar que o pensamento ativo planejador ocupa dentro dos processos próprios da experiência altera radicalmente as condições tradicionais dos problemas técnicos do particular e universal, dos sentidos e da razão, do perceptivo e do conceitual. Mas a alteração reveste de significado muito mais profundo do que simplesmente técnico. Isso porque a razão passa a ser a inteligência experimental, concebida segundo os moldes da ciência, e usada na criação de artes sociais. Sua tarefa é a de libertar os homens da servidão do passado devido à ignorância e aos acidentes que se solidificaram em costumes, e abrir perspectivas de um futuro melhor e auxiliar os homens a realizá-lo. Mas sua atividade é sempre submetida à prova da experiência. Os planos que se formam, os princípios que o homem projeta como guias de ação reconstrutiva, não são dogmas. Esses planos são hipóteses a serem executadas na prática, a serem rejeitadas, corrigidas e ampliadas, à medida que falharem ou forem bem-sucedidas em proporcionar a orientação requerida à experiência presente. Podemos chamá-los de "programas de ação", mas são flexíveis, por isso mesmo que devem ser empregados com o fim de tornarem nossos atos futuros menos cegos e mais dirigidos. A inteligência não é algo que se venha a possuir de uma vez por todas, mas está em constante processo formativo; e sua conservação exige constante vigilância em observar as consequências, bem como espírito aberto para aprender e coragem para reajustar.

Em contraste com esta inteligência experimental e reajustadora, deve-se dizer que a Razão, tal como compreendida pelo racionalismo histórico, inclinava-se para a negligência, a presunção, a irresponsabilidade e rigidez – em suma, para o absolutismo. Certa escola de psicologia contemporânea serve-se do termo "racionalização" para denotar aqueles mecanismos mentais, pelos quais inconscientemente revestimos nossa conduta e experiência de uma aparência melhor do que aquela que os fatos justificam. Desculpamo-nos perante nós mesmos, introduzindo finalidade e ordem naquilo de que secretamente temos vergonha. De igual modo, o racionalismo histórico tem frequentemente se inclinado a usar a Razão como instrumento de justificação e de apologética; tem ensinado que os defeitos e males da experiência real desaparecem no "todo" das coisas, e que as coisas parecem ruins apenas por causa da natureza parcial e incompleta da experiência. Ou, como Bacon já notara, a "razão" assume falsa simplicidade, uniformidade e universalidade, e rasga, para a ciência, uma senda de comodismo fictício. Tal procedimento redunda em irresponsabilidade e negligência intelectual. Irresponsabilidade, porque o racionalismo admite que os conceitos de razão são, a tal ponto, autossuficientes e superiores à experiência, que não necessitam nem podem dar nenhuma confirmação à experiência; negligência, porque esta mesma presunção torna os homens desleixados no que tange às observações e experiências concretas. O desprezo pela experiência tem provocado uma trágica represália; tem levado à desconsideração dos fatos, desconsideração esta que tem sido punida por malogros, penas e guerras.

Torna-se, mais clara ainda, a rigidez dogmática do Racionalismo nas consequências da tentativa de Kant para fortalecer com conceitos puros uma experiência que, de outro modo, seria caótica. Ele começou com a louvável tentativa de restringir as pretensões extravagantes da Razão à parte da experiência, apelidando de crítica a sua filosofia. Contudo, por haver ensinado que o entendimento se serve de conceitos fixos para que pudesse introduzir a associação na experiência, e, desse modo, possibilitar o conhecimento de objetos (relações estáveis e regulares de qualidades), gerou, no pensamento filosófico germânico, um desprezo curioso nas variedades vivas da experiência, e uma curiosa apreciação exagerada do valor do sistema, da ordem e da regularidade.

Outras causas, de ordem prática, concorreram para produzir o peculiar respeito germânico pela disciplina, pela "ordem" e pela docilidade. Mas a filosofia de Kant serviu para subministrar uma justificação intelectual ou "racionalização" da subordinação do indivíduo a leis universais e "princípios" fixos e pré-fabricados. Razão e lei foram tomadas como sinônimos E como a razão penetrou na experiência vindo de fora e de cima, a lei precisou penetrar na vida a partir de alguma autoridade externa e superior. O correlativo prático do absolutismo é a rigidez, a obstinação, e a inflexibilidade de disposição. Quando Kant ensinava que algumas concepções, por sinal as mais importantes, eram aquelas que não emanavam da experiência; que nem podiam ser verificadas nem comprovadas na experiência; que sem tais injeções preparadas aplicadas à experiência, esta seria anárquica e caótica, ele estava, ao mesmo tempo, fomentando o espírito de absolutismo, embora tecnicamente negasse a possibilidade de absolutos. Seus sucessores permaneceram fiéis a seu espírito, mais do que às suas palavras, e dessa forma pregaram sistematicamente o absolutismo. O fato de os Alemães, com toda sua competência científica e proficiência tecnológica, terem descambado em seu estilo de pensamento e ação tragicamente rígido e "superior" (trágico, porque os torna inaptos para compreender o mundo em que vivem) é uma lição suficiente do que pode estar implicado numa negação sistemática do caráter experimental da inteligência e de suas concepções.

Por consentimento comum, o efeito do empirismo inglês foi cético onde o do racionalismo germânico foi apologético; e desprezado onde o racionalismo foi justificado. O empirismo inglês descobria associações acidentais convertidas em costumes por influência de interesses pessoais ou de classe, onde o idealismo racional germânico descobria significados profundos devido à necessária evolução da razão absoluta. O mundo moderno sofre, porque a filosofia lhe oferece apenas uma escolha arbitrária entre posições opostas obstinadas e inflexíveis, tais como: a análise desintegradora ou a síntese rígida; o radicalismo completo que desdenha e ataca o passado histórico como trivial e nocivo, ou o conservantismo completo que idealiza instituições enquanto personificações da razão eterna; e a decomposição da experiência em elementos atomizados que não fornecem suporte a qualquer organização duradoura ou ao travamento de toda experiência por categorias fixas e conceitos necessários – são estas as alternativas apresentadas pelas escolas em conflito.

São elas as consequências lógicas da tradicional oposição entre Sentidos e Pensamento, entre Experiência e Razão. O senso comum tem-se recusado a seguir ambas as teorias até suas últimas consequências lógicas, e retornou à fé, à intuição ou às exigências da transigência prática. Mas o senso comum a cada passo tem sido confundido e embaraçado, em vez de ser iluminado e dirigido, pelas filosofias oferecidas por intelectuais de profissão. Os homens que, apelando para a filosofia no intuito de receber desta uma orientação geral, são por ela reencaminhados ao "senso comum" sentir-se-ão, naturalmente, inclinados a recorrer à rotina, ao prestígio de alguma personalidade ou a alguma forte liderança, ou à pura pressão das circunstâncias do momento. Seria difícil avaliar o prejuízo resultante do fato de o movimento liberal e progressista do século XVIII e do princípio do século XIX não possuir um método intelectual suficientemente articulado e nas proporções de suas aspirações práticas. O homem do século XVIII tinha o coração no lugar devido, era humano e social na intenção, mas estava destituído de instrumentos teóricos de poder construtivo. Sua cabeça era altamente deficiente. Com frequência, a consequência lógica de suas doutrinas confessadas era quase antissocial em seu individualismo atomístico, bem como anti-humana no apego à sensação bruta. Tal deficiência beneficiou os reacionários e os obscurantistas. O ponto forte do apelo a princípios fixos que transcendem a experiência, e a dogmas incapazes de verificação experimental; o ponto forte da confiança em cânones de verdade e em padrões de moral, em oposição à dependência de resultados e de consequências no plano da experiência, foi aquela concepção sem imaginação da experiência que filósofos que se diziam empiricistas, passaram a adotar e a ensinar.

Uma reconstrução filosófica que livrasse os homens da tarefa de escolher entre uma experiência empobrecida e truncada, de um lado, e uma razão artificial e impotente, do outro lado, por certo libertaria o esforço humano da mais pesada carga que tem de transportar; acabaria com a divisão dos homens de boa vontade em dois campos hostis; permitiria ainda a cooperação daqueles que respeitam o passado e as instituições estabelecidas com os que se interessam pelo estabelecimento de um futuro mais livre e mais feliz. Isso determinaria as condições sob as quais a consolidada experiência do passado e a inteligência inventiva que olha para o futuro pudessem efetivamente interagir uma com a outra. Habilitaria os homens a glorificarem as reivindicações da razão, sem, ao mesmo tempo, tombarem numa paralisante adoração da autoridade superempírica ou numa ultrajante "racionalização" das coisas tais como são.

[Capítulo V]

Concepções Mudadas do Ideal e do Real

OBSERVAMOS QUE A EXPERIÊNCIA HUMANA SE TORNA TAL, MERCÊ DA EXISTÊNCIA DE ASSOCIAÇÕES E RECORDAÇÕES, AS QUAIS SÃO FILTRADAS NAS MALHAS DA IMAGINAÇÃO PARA PODEREM SATISFAZER AS EXIGÊNCIAS DAS EMOÇÕES. Vida humanamente digna de interesse é, além dos benefícios da disciplina, a vida em que o tédio do lazer pode ser preenchido por imagens que, a um tempo, excitam e causam satisfação. Neste sentido é que a poesia precedeu a prosa na experiência humana, a religião antecedeu a ciência; e é por isso que a arte ornamental e decorativa, embora não pudesse ocupar o lugar do útil, cedo alcançou maior grau de desenvolvimento do que, proporcionalmente, as artes práticas. No intuito de proporcionar alegria e prazer, bem como de alimentar emoções presentes e de conferir intensidade e colorido à corrente da vida consciente, é que as sugestões oriundas de experiências passadas são como que reelaboradas para que amaciem tudo o que nelas haja de desagradável e intensifiquem o que haja de alegre e satisfatório. Alguns psicólogos alegam existir o que eles chamam de tendência natural a esquecer o desagradável, afirmando que os homens se retraem do desprazível no pensamento e na recordação, do mesmo modo que se afastam do obnóxio na ação. Toda pessoa bem intencionada sabe que boa parte do esforço indispensável à disciplina moral consiste na coragem necessária para aceitar as consequências desagradáveis dos atos passados e presentes de cada qual. Mostramo-nos aborrecidos, sofismamos, usamos subterfúgios, disfarces, encobrimos, encontramos desculpas e paliativos – tudo fazemos para tornar a cena mental menos desagradável. Em resumo, a tendência da sugestão espontânea é idealizar a experiência, atribuir-lhe, na consciência, qualidades que ela não possui na realidade. O tempo e a memória são artistas consagrados que remodelam a realidade segundo o desejo do coração. À medida que a imaginação se torna mais livre e menos controlada pelas realidades concretas, a tendência idealizadora empreende novos voos sem ser detida pelo freio do mundo prosaico. As coisas mais destacadas pela imaginação, à medida que esta remodela a experiência, são coisas ausentes da realidade. No grau em que a vida é plácida e fácil, a imaginação é inerte e apática; no grau em que a vida é difícil e perturbada, a fantasia é levada a pintar quadros de um estado contrário de coisas. Distinguindo os traços característicos dos castelos no ar arquitetados por cada pessoa, podemos formar uma conjuntura sutil de seus desejos fundamentais frustrados. O que na vida real é dificuldade e contratempo, na fantasia torna-se empreendimento notável e triunfo; o que na realidade é negativo será positivo na imagem esboçada pela fantasia; o que na conduta é vexame será altamente compensado na imaginação idealizadora.

Estas considerações têm aplicação para além da psicologia meramente pessoal. São decisivas para um dos traços mais marcantes da filosofia clássica: – sua concepção de uma Realidade suprema última, essencialmente ideal por natureza. Mais do que uma vez, os historiadores estabeleceram instrutivo paralelo entre o amplo Panteão Olímpico da religião helênica e o Reino Ideal da filosofia platônica. Os deuses, quaisquer que sejam suas origens e fisionomias, tornaram-se projeções idealizadas das façanhas selecionadas e amadurecidas que os Gregos admiraram entre os mortais de sua estirpe. Os deuses eram como mortais, mas mortais que viviam somente as vidas que os homens gostariam de viver, dotados de poder intensificado, de beleza perfeita e de sabedoria amadurecida. Quando Aristóteles criticou a teoria das Ideias de seu mestre Platão, dizendo que as ideias eram afinal coisas sensíveis elevadas à categoria de eternas, na realidade focalizou o paralelismo entre filosofia, religião e arte, ao qual atrás aludimos. E, salvo em matéria de importância meramente técnica, não será possível dizer das Formas de Aristóteles precisamente aquilo que ele disse das Ideias de Platão? Que são elas, essas Formas e Essências, que tão profundamente influíram durante os séculos no curso da ciência e da teologia, senão os objetos da experiência ordinária sem suas manchas, com suas imperfeições eliminadas, com suas deficiências supridas, com suas aspirações e sugestões satisfeitas? Que são elas, em suma, senão os objetos da vida familiar divinizados, após serem remodelados pela imaginação idealizadora com o fim de satisfazer às exigências do desejo, justamente naqueles aspectos onde a experiência real se mostra decepcionante?

Fato bem conhecido do estudante de filosofia, e que não vale a pena aqui repetir, é o de Platão, e Aristóteles de maneira um tanto diferente, Platino, Marco Aurélio, São Tomás de Aquino, Spinoza e Hegel, haverem todos ensinado ser a Realidade Última, por natureza, perfeitamente Ideal e Racional, ou mesmo possuir idealidade e racionalidade absolutas como seus atributos necessários. Entretanto é conveniente salientar que essas grandes filosofias sistemáticas definiram a perfeita Idealidade, mediante concepções que expressam o contrário daquelas coisas que fazem a vida insatisfatória e tumultuosa. Qual a fonte principal dos lamentos de poetas e moralistas quanto aos bens, valores e satisfações da experiência? Raramente lamentam a inexistência de tais coisas; as queixas são motivadas pela transitoriedade, instantaneidade e fugacidade delas. Elas não param; na pior das hipóteses, vêm apenas para nos aborrecer com seu apressado e passageiro senso do "que podia ser"; na melhor das hipóteses vêm para inspirar e instruir com uma alusão passageira a uma realidade mais verdadeira. Este lugar comum dos poetas e moralistas, relativo à impermanência não só dos prazeres sensíveis, como também da fama e dos empreendimentos cívicos, foi objeto de profunda meditação por parte de filósofos, nomeadamente Platão e Aristóteles. Os resultados de suas elucubrações penetraram na própria estrutura da mentalidade do mundo ocidental. Tempo, mudança, movimento, são indícios de que aquilo que os Gregos denominavam Não Ser de algum modo participa do verdadeiro Ser. A fraseologia parece agora estranha, contudo muitos modernos, que ridicularizam a concepção de Não Ser, repetem o mesmo pensamento sob o nome de Finito ou Imperfeito.

Onde quer que haja mudança, há instabilidade, e instabilidade à prova de algo que falta, de ausência, de deficiência, de imperfeição. São estas as ideias comuns contidas na conexão entre mudança, devir e perecer, e Não Ser, finitude e imperfeição. Daí, ter de ser a completa e verdadeira Realidade imutável, inalterável, e tão repleta de Ser que sempre ou para sempre se mantém em fixo sossego e repouso. É assim que Bradley, o mais hábil dialético absolutista de nossos dias, expressa a doutrina: "Nada, que seja perfeitamente real, se move". E enquanto Platão teve, relativamente falando, uma opinião pessimista da mudança como mero lapso, e Aristóteles uma opinião complacente dela como tendência à realização, Aristóteles não nutriu maior dúvida que Platão de que a realidade integralmente realizada, a divina e última realidade, fosse imóvel. Embora denominada Atividade ou Energia, a Atividade não conhecia mudança, como nem a Energia fazia qualquer coisa. Era como a atividade de um exército marcando sempre passo, sem nunca avançar para onde quer que fosse.

Deste contraste do permanente com o transitório derivam outras características que acentuam a diferença entre a Realidade Última e as realidades imperfeitas da vida prática. Onde quer que haja mudança, há necessariamente pluralidade numérica, multiplicidade, e é da variedade que resulta oposição, luta. Mudança é alteração, é alteridade, e isto significa diversidade. Diversidade quer dizer divisão. E divisão significa dois lados e seu conflito mútuo. O mundo, que é transitório, deve ser um mundo de discórdia, pois desprovido de estabilidade, carece do governo da unidade. Se a unidade governasse completamente, ambos os lados constituiriam uma totalidade imutável. Tudo o que varia possui partes e parcialidades que, não admitindo o governo de unidade, se afirmam independentemente e transformam a vida num palco de contendas e discórdias. Por outro lado, o Último e verdadeiro Ser, por isso que é imutável, é Total, Onicompreensivo e Uno. Sendo Uno, só conhece harmonia e, portanto, goza do completo e eterno Bem. É Perfeição.

Os graus do conhecimento e da verdade correspondem aos graus da realidade ponto por ponto. Quanto mais alta e mais completa for a Realidade, tanto mais verdadeiro e mais importante é o conhecimento que se lhe refere. Desde que o mundo de fases, de origens e de perecimentos é deficiente de Ser verdadeiro, não pode ser conhecido no melhor sentido. Conhecê-lo significa descurar seu fluxo e alteração, e descobrir alguma forma permanente que limite o processo que se altera no tempo. O fruto do carvalho passa por uma série de mudanças; estas são apenas conhecidas com referência à forma fixa do carvalho, a qual é uma só na espécie completa do carvalho, a despeito da diversidade numérica das árvores. Além disso, esta forma limita o fluxo do crescimento nas duas extremidades: o fruto provém do carvalho do mesmo modo que se torna em carvalho. Onde não há a possibilidade de descobrir tais formas eternas que unifiquem e limitem, existe apenas variação e flutuação sem propósito. Nesse caso, o conhecimento está fora de questão. Por outro lado, em se tratando de objetos totalmente destituídos de movimento, o conhecimento torna-se realmente demonstrativo, certo, perfeito: verdade pura e genuína. Segundo esse raciocínio, o Céu pode ser mais bem conhecido do que a terra; Deus, o motor imóvel, melhor conhecido do que o Céu.

Deste fato se infere a superioridade do conhecimento especulativo sobre o prático, o da especulação teórica pura sobre a experimentação, e sobre qualquer outra espécie de conhecimento que dependa de mudanças nas coisas, ou nelas introduza mudança. O conhecimento puro é observação pura, e é visão pura, é notação pura. É completo em si mesmo; nada procura além de si mesmo; nada lhe falta e, por isso, nada objetiva. É em si mesmo que está enfaticamente sua própria justificação de ser. Na verdade, o conhecimento contemplativo puro é a tal ponto a coisa do universo mais autofechada e autossuficiente, que é o mais elevado e, de fato, o único atributo que pode ser atribuído a Deus, o mais Elevado Ser na escala do Ser. O homem em si é divino nos raros momentos em que se ergue à visão teórica puramente autossuficiente.

Em confronto com tal conhecimento, o chamado conhecimento do artífice é de pouco valor. O artífice executa mudanças nas coisas, na madeira e na pedra, e este fato constitui, em si, prova da deficiência de seu material em Ser. O que condena ainda mais o seu conhecimento é a circunstância de não ser desinteressado em si, pois se prende com resultados a serem conseguidos, como a alimentação, o vestuário, a proteção, etc. Refere-se a coisas que perecem, ao corpo e suas necessidades. Por esta forma, objetiva um propósito ulterior que só por si atesta imperfeição, uma vez que carência, desejo, afeição de toda espécie, indicam falta, privação. Onde há necessidade e desejo – como no caso de todo conhecimento prático e de atividade – há imperfeição e insuficiência. Enquanto o conhecimento cívico ou político e moral classificam-se em plano mais elevado do que as concepções do artífice, ainda que considerados de forma intrínseca, são de tipo baixo e falso. As ações morais e as políticas são práticas, isto é, implicam a satisfação de necessidades e de esforços. Têm um fim além de si mesmas. De mais a mais, o próprio fato da associação mostra falta de autossuficiência, mostra dependência relativamente a outros. Só o conhecimento puro é solitário e capaz de se manter em completa e autossuficiente independência.

Em suma, a medida de valor do conhecimento segundo Aristóteles, cujas opiniões aqui deixamos resumidas, está no grau em que ele é puramente contemplativo. O mais alto grau é atingido em se conhecendo o Ser Ideal último, o Espírito puro. Este é o Ideal, a Forma das Formas, porque de nada carece, de nada necessita, nem experimenta mudança ou variedade. Não tem desejos, porque em si todos os desejos são consumados. Sendo Ser perfeito, é perfeito Espírito e perfeita Beatitude: – o auge da racionalidade e da idealidade. Falta mais uma questão para que o argumento esteja completo. O tipo de conhecimento que diz respeito a esta última realidade (que é também idealidade última) é a filosofia. A filosofia é, por conseguinte, o último e mais elevado termo da contemplação pura. Diga-se o que se disser, com referência a qualquer outro gênero de conhecimento, a filosofia é fechada sobre si mesma. Nada tem que fazer fora de si; não tem aspiração, propósito ou função – exceto a de ser filosofia, ou seja, contemplação pura e autossuficiente da realidade última. Há certamente alguma coisa como o estudo filosófico que não chega a alcançar esta perfeição. Onde há aprendizagem, há mudança e transformação. Mas a função do estudo e da aprendizagem da filosofia é, como Platão mostrou, a de evitar que a alma se delicie nas imagens das coisas, nas realidades inferiores sujeitas a nascerem e a definharem, e levá-la à intuição do Ser celestial e eterno. Assim o espírito do conhecedor se transforma e se identifica com aquilo que conhece.

Através de uma variedade de canais, especialmente do neoplatonismo e de Santo Agostinho, estas ideias encaminharam-se para a teologia cristã; e eminentes pensadores escolásticos ensinaram que o fim do homem é conhecer o Verdadeiro Ser, que o conhecimento é contemplativo, que o Verdadeiro Ser é puro Espírito Imaterial, e conhecê-lo é Bem-aventurança e Salvação. Enquanto este conhecimento não pode ser alcançado no presente estágio da existência terrestre, nem sem auxílio sobrenatural; todavia, depois de conseguido, ele assimila o espírito humano à essência divina e dessa forma constitui a salvação. Mediante esta tomada de posse da concepção do conhecimento como Contemplativo por parte da religião dominante na Europa, multidões foram influenciadas totalmente alheias à filosofia teórica. A ideia de o conhecimento ser intrinsecamente mera contemplação ou visão da realidade, a concepção espectadora do conhecimento, foi transmitida a gerações de pensadores como axioma indiscutível. Essa ideia encontrava-se tão fundamente arraigada que prevaleceu durante séculos, mesmo depois que o real progresso da ciência deixou demonstrado ser o conhecimento o poder capaz de transformar o mundo, até séculos após a prática de o conhecimento efetivo ter adotado o método da experimentação.

Agora sairemos abruptamente dessa concepção da medida do verdadeiro conhecimento e da natureza da genuína filosofia e iremos ao modo de conhecer dos dias de hoje. Hoje, se alguém, digamos um físico ou um químico, deseja conhecer alguma coisa, o último recurso de que se vale é meramente contemplar. Não se contenta em dirigir o olhar para o objeto, embora prolongado e sério, esperando desse modo desvendar sua forma fixa e característica. Não espera muito que esse minucioso exame, aliás desinteressado, lhe traga a revelação de quaisquer segredos. Continua fazendo alguma coisa, continua despendendo alguma energia, aplicando-a ao objeto em questão para ver como este reage; coloca-o em condições diferentes das comuns, a fim de provocar alguma mudança. O astrônomo não pode, é certo, mudar a posição das estrelas remotas, mas nem por isso se limita a só olhá-las. Se não pode mudar as próprias estrelas, pode ao menos, por meio de lentes e prismas, mudar-lhes a luz, quando esta chega à Terra; será possível, quando menos, servir-se de aparelhos engenhosos para descobrir mudanças que de outra maneira lhe passariam despercebidas. Em vez de assumir atitude relativamente antagônica à mudança, e de afirmar que as estrelas não estão sujeitas a ela em consequência de sua divindade e perfeição, mantém-se constantemente alerta a fim de notar alguma mudança que lhe faculte tirar inferências quanto à formação das estrelas e dos sistemas estelares.

Em resumo, a mudança não é mais considerada um pecado, nem descuido da natureza, ou sinal de imperfeição do Ser. A ciência moderna não procura mais encontrar alguma forma ou essência fixa por detrás de cada processo mutativo. Pelo contrário, o método experimental empenha-se em quebrar toda e qualquer fixidez aparente e em provocar mudanças. A forma que permanece inalterada aos sentidos, a forma da semente ou da árvore, é considerada não como chave do conhecimento das coisas, mas como muralha ou obstrução que precisa ser demolida. Consequentemente, o cientista moderno, valendo-se deste ou daquele expediente aplicado a esta ou àquela condição, experimenta sempre até que alguma coisa comece a acontecer, até que haja uma ocorrência. Admite que se estão acontecendo mudanças a todo instante, e que existe movimento no interior de cada coisa aparentemente em repouso; e que, desde que o processo mutativo seja vedado à percepção, o caminho para conhecê-lo consiste em situar as coisas em novas circunstâncias até que as mudanças se tornem patentes. Em suma, a coisa que se deve aceitar e à qual se deve prestar atenção não é aquilo que originariamente é dado, mas sim o que surge depois que a coisa foi sujeita a grande variedade de circunstâncias, a fim de nos certificarmos de seu procedimento.

Este aspecto da vida contemporânea assinala uma mudança muito mais geral na atitude humana, do que à primeira vista poderá parecer. Significa nada menos que o mundo ou fração do mundo, tal como se apresenta em dado momento, é aceito ou admitido apenas como material para mudança. É aceito precisamente da mesma maneira que o carpinteiro diz aceitar as coisas tais como as encontra. Se ele as aceitasse como coisas para serem observadas e notadas em si mesmas, nunca seria carpinteiro. Ele observaria, descreveria, registraria as estruturas, formas e mudanças que as coisas lhe exibem, e não passaria avante. Se, por acaso, algumas das mudanças decorrentes o brindassem com algum abrigo, tanto melhor. Mas o que faz o carpinteiro ser um construtor é o fato de ele notar coisas não precisamente enquanto objetos em si mesmos, mas com referência ao que ele pretende fazer delas e com elas. O que lhe interessa na madeira, nas pedras e no ferro, que ele observa, é a aptidão para realizar certas mudanças especiais que deseja levar a efeito. Sua atenção é dirigida para as mudanças por que passam as coisas observadas, bem como para as mudanças por que elas fazem passar outras coisas, de modo que lhe seja possível selecionar aquela combinação de mudanças que lhe proporcionarão o resultado almejado. Só por meio de tais processos de manipulação ativa das coisas, no intuito de realizar o fim em vista, é que o carpinteiro descobre quais são as propriedades das mesmas. Renunciando a seus propósitos e recusando-se a vergar as coisas, como elas "são", a seus intentos, em nome de humilde e submissa condescendência com as coisas, tais como "realmente são", não só não conseguirá realizar o fim que tem em mira, como nem chegará a aprender o que as coisas são em si mesmas. Elas são aquilo que ele é capaz de fazer e aquilo que pode ser feito com elas – coisas que podem ser encontradas por experiência deliberada.

Essa ideia da "melhor forma de se conhecer" resulta em modificação profunda na atitude do homem perante o mundo natural. Sob condições naturais divergentes, a velha ou clássica concepção do conhecimento gerou, por vezes, resignação e submissão; por vezes, desprezo e desejo de fuga; outras vezes, e de modo peculiar no caso dos Gregos, aguda curiosidade estética que se manifestou na capacidade sutil de notar todas as minúcias de determinados objetos. De fato, a concepção integral do conhecimento como contemplação ou anotação é uma ideia ligada ao prazer e à apreciação estética, onde a ambiência é bela e a vida serena; e ligada a repulsa e depreciação estética, onde a vida é conturbada, a natureza triste e inexorável. Mas no grau em que prevalece a concepção ativa do conhecimento, e o meio ambiente é considerado como algo que deve ser modificado para se tornar realmente conhecido, os homens sentem-se imbuídos de coragem, termo este pelo qual pode, por assim dizer, ser designada uma atitude agressiva em relação à natureza. Esta se torna plástica, algo a ser submetido aos serviços humanos. A disposição moral em favor à mudança sofre profunda modificação. Esta perde o seu *phatos*, cessa de ser perseguida pela melancolia, que somente insinua ruínas e prejuízos, para se tornar prenhe de novas possibilidades e de fins a serem alcançados; toma-se vaticinadora de porvir mais sorridente. A mudança associa-se ao progresso, mais do que a quedas e erros. Desde que as mudanças se verificam constantemente, desta ou daquela maneira, nossa principal tarefa consistirá em estudá-las o bastante, de modo que estejamos habilitados a captá-las e a fazer com que elas se orientem na direção de nossos desejos. Condições e eventos, não há motivo para que de umas e outros nos esquivemos, nem para que nos mostremos passivamente condescendentes; umas e outras dessas coisas devem ser utilizadas e dirigidas, visto não serem mais do que obstáculos à consecução de nossos fins ou meios para realizá-los. Num sentido profundo, o conhecimento cessa de ser contemplativo para se tornar prático.

Infelizmente há homens, homens educados, e especialmente homens cultos que ainda se mostram tão dominados pela velha concepção desinteressada e autossuficiente de uma razão e um conhecimento, que se negam a perceber a importância desta doutrina. Pensam que estão defendendo a causa da reflexão imparcial, integral e desinteressada, quando afinal defendem a filosofia tradicional do intelectualismo, isto é, a filosofia do conhecimento, como algo de autossuficiente e delimitado em si. Na verdade, porém, o intelectualismo histórico, a opinião do espectador sobre o conhecimento, é doutrina puramente compensatória, arquitetada por homens de certa tendência intelectual, para que possam se consolar perante a impotência real e social da vocação de pensar a que se dedicaram. Impedidos pelas circunstâncias e retidos pela falta de coragem, para fazerem de seu conhecimento um fator determinante no curso dos acontecimentos, procuraram um refúgio complacente na noção de o conhecimento ser alguma coisa demasiado sublime para que se deixe contaminar pelo contato de coisas materiais e práticas. Transformaram o conhecimento em estetismo moralmente irresponsável. A verdadeira importância da doutrina do caráter operativo ou prático do conhecimento, da inteligência, é objetiva. Significa que as estruturas e os objetos, que a ciência e a filosofia exaltaram, em contraste com as coisas e os acontecimentos da experiência diária concreta, não constituem reino à parte, no qual a contemplação racional possa repousar satisfeita; significa que umas e outros representam os obstáculos selecionados, os meios materiais e métodos ideais de imprimir rumo e ordem àquela mudança que, por uma forma ou por outra, ocorrerá.

Esta mudança na disposição dos homens perante o mundo não significa que o ser humano deixe de ter ideais, ou cesse de ser primariamente uma criatura imaginativa; significa, sim, mudança radical no caráter e na função do reino ideal que o homem talha para si. Na filosofia clássica, o mundo ideal é, por essência, um porto onde o homem encontra a calma em meio das tormentas da vida; é asilo onde se acolhe nas procelas da existência, com a segurança tranquila de que só ele é a realidade suprema. Quando a crença de que o conhecimento é ativo e operativo domina o espírito humano, o reino ideal não é mais algo isolado, separado, converte-se antes naquela coleção de possibilidades imaginadas que incita os homens a novos esforços e realizações. Sem dúvida, não deixa de ser verdade que as dificuldades que os homens experimentam são as forças que os induzem a planear quadros de mais sorridente situação; mas convenhamos que tal quadro é de tal maneira delineado que pode tornar-se um instrumento de ação, ao passo que na filosofia clássica a Ideia tem seu lugar próprio, de antemão traçado, num mundo numeral. Daí, sendo apenas um objeto de aspiração ou consolação pessoal, enquanto para o pensamento moderno, uma ideia é a sugestão de algum empreendimento que deve ser realizado, ou de algum modo de realizar.

Talvez um exemplo possa esclarecer a diferença. A distância é um obstáculo, é fonte de dificuldades: separa amigos, impede o intercâmbio, isola e dificulta os contatos e a mútua compreensão. Tal estado de coisas provoca descontentamento e inquietação, e incita a imaginação a construir quadros de uma situação em que o intercâmbio humano não seja prejudicialmente afetado pelo espaço. Ora há dois modos de resolver o problema. Um modo consiste em nos transferirmos de um puro sonho de algum reino celestial em que a distância é abolida, e por magia todos os homens são colocados em franca e perpétua comunicação, em nos transferirmos de um estado de construção de inúteis castelos no ar, para um estado de reflexão filosófica. Argumenta-se então que o espaço e a distância são meramente fenomenais; ou, numa versão moderna, são impressões subjetivas. Metafisicamente falando, não são reais. Daí a obstrução e a dificuldade, gerada por eles, não serem "reais" no sentido metafísico de realidade. As inteligências puras e os espíritos puros não vivem num mundo espacial, pois para eles não existe distância; nem suas relações no mundo verdadeiro são, por qualquer via, afetadas por considerações de ordem espacial; muito pelo contrário, suas intercomunicações são diretas, fluentes, desimpedidas.

Este exemplo implicaria uma caricatura dos processos de filosofar com os quais estamos todos familiarizados? Mas, não sendo uma caricatura absurda, não levaria a concluir que boa parte daquilo que as filosofias têm ensinado acerca do mundo ideal e numeral ou superiormente real, é, em derradeira análise, tentativa para delinear um sonho em esmerada forma dialética, mediante o uso de terminologia pretensamente científica? Praticamente, subsistem a dificuldade e a confusão. Praticamente, o espaço, embora o seja "metafisicamente", é ainda real: – atua de maneira peremptória e inaceitável. Uma vez mais, o homem sonha com um mundo melhor e, de contínuo, se acolhe ao refúgio da fantasia para fugir das amarguras reais da existência. Desta vez, porém, o retiro não permanece sendo asilo permanente e longínquo.

A ideia converte-se em ponto de vista do qual se examinam as ocorrências da vida, e para verificar se não há entre elas a existência de alguma coisa que sugira de que modo possa ser efetuada a comunicação à distância, alguma coisa capaz de ser utilizada como meio de transmissão da palavra a longa distância. A sugestão ou fantasia, embora ideal, é tratada como possibilidade capaz de se realizar no mundo natural concreto, e não como realidade superior alheia a este mesmo mundo. Como tal, ela torna-se uma plataforma, desde a qual se podem inspecionar os eventos naturais. Observadas do ponto de vista desta possibilidade, as coisas revelam propriedades até então encobertas. À luz destas averiguações, a ideia de um agente transmissor da palavra a distância torna-se menos vaga e etérea: reveste de forma positiva. Esta ação é uma reação contínua. A possibilidade ou ideia é empregada como método de observação da existência; e, à luz do que é descoberto, a possibilidade assume existência concreta; já não é uma simples ideia, uma fantasia, uma possibilidade desejada, mas um fato real. O espírito inventivo prossegue, e temos ao menos o telégrafo, o telefone, a princípio por meio de fios, mais tarde sem meio artificial. O meio material sofre uma transformação no sentido almejado; é idealizado de fato e não apenas na fantasia.

O ideal é realizado, mercê de seu próprio uso, como instrumento ou método de inspeção, experimentação, seleção e combinação de operações naturais concretas.

Façamos aqui uma pausa para meditar sobre os resultados. A divisão do mundo em duas espécies de Ser – uma superior e acessível por natureza, apenas à razão e ao ideal; a outra inferior, material, modificável, empírica e acessível à observação sensorial – transforma-se inevitavelmente na ideia de que o conhecimento é, por natureza, contemplativo. Pressupõe entre teoria e prática um contraste inteiramente desvantajoso para esta última. Mas no curso real do desenvolvimento da ciência, operou-se tremenda mudança. Quando o processo do conhecimento parou de ser dialético e tornou-se experimental, a ação de conhecer começou a preocupar-se com as mudanças, e o teste do conhecimento passou a ser a habilidade de produzir determinadas mudanças. Conhecimento, para as ciências experimentais, significa certa espécie de ação inteligentemente conduzida; cessa de ser contemplativo e, num sentido verdadeiro, torna-se prático. Isto implica que a filosofia, a não ser que queira romper completamente com o espírito autorizado da ciência, deve também alterar sua natureza, deve tornar-se prática, operativa e experimental. Temos salientado a enorme mudança que esta transformação da filosofia impõe às duas concepções que têm desempenhado o mais importante papel na história da filosofia – as concepções do "real" e do "ideal", respectivamente. O real deixa de ser alguma coisa antecipadamente feita e final, para converter-se naquilo que tem de ser aceito como material para mudança, como obstruções e meios de certas mudanças específicas desejadas. O ideal e o racional também deixaram de ser como um mundo separado do fazer antecipado. Um mundo incapaz de ser usado como alavanca para transformar o mundo empírico real, onde o ideal e o racional já não são meros asilos das deficiências empíricas. O ideal e o racional representam possibilidades inteligentemente engendradas do mundo existente, que podem ser empregadas como métodos para o modificar e aperfeiçoar.

Filosoficamente falando, esta é a grande diferença contida na mudança da natureza do conhecimento e da filosofia, de contemplativa para operativa. Tal mudança não envolve diminuição da dignidade da filosofia, nem a remoção desta de um plano elevado para um plano de grosseiro utilitarismo. Significa, sim, que a função primordial da filosofia é a de explorar racionalmente as possibilidades da experiência; especialmente as da experiência humana coletiva. O alcance desta mudança pode ser compreendido pela simples consideração de quão longe estamos de consegui-la. A despeito das invenções que habilitam os homens a utilizar as energias da natureza em benefício próprio, estamos ainda bem distantes de nos integrar no hábito de tratar o conhecimento como o método de controle ativo da natureza e da experiência. Propendemos a encará-lo mais da maneira do observador que contempla um quadro completo, do que da maneira do artista que está pintando o quadro. Daí é que surgem todas as questões da epistemologia, com as quais o estudioso de filosofia se acha tão familiarizado, e que têm mantido a filosofia moderna, em especial, tão distante da compreensão do homem comum e tão longe dos resultados e processos da ciência. Isso porque todas estas questões surgem da suposição de um espírito meramente contemplativo, por um lado, e, por outro lado, na hipótese de um objeto estranho e remoto que deve ser contemplado e observado. Pergunta-se nelas como é que um mundo e um espírito, sujeito e objeto, tão separados e independentes podem entrar em relações recíprocas tais que possibilitem o verdadeiro conhecimento. Se o conhecimento fosse habitualmente concebido como ativo e operativo, por analogia com a experiência dirigida pela hipótese, ou como invenção guiada pela imaginação de alguma possibilidade, não seria exagerado afirmar que o primeiro efeito seria o de emancipar a filosofia de todos os enigmas epistemológicos que atualmente a complicam. Todos estes enigmas originam-se da concepção da relação entre a mente e o mundo, entre sujeito e objeto no ato do conhecimento, pela qual se supõe que conhecer é apoderar-se daquilo que já existe.

O pensamento filosófico moderno tem-se preocupado tanto com esses enigmas ou quebra-cabeças da epistemologia e com as controvérsias entre realistas e idealistas, entre fenomenistas e absolutistas, que muitos estudiosos se sentem perdidos em saber o que restaria à filosofia se fossem eliminadas ambas as tarefas, a tarefa metafísica de distinguir entre o mundo numeral e o fenomenal, e a tarefa epistemológica de explicar como um sujeito separado pode conhecer um objeto independente. Mas a eliminação desses problemas tradicionais não iria permitir que a filosofia se dedicasse a tarefa mais proveitosa e necessária? Não a incitaria a enfrentar os graves defeitos e conturbações sociais e morais de que a humanidade sofre, a concentrar a atenção sobre a maneira de descobrir as causas e a exata natureza desses males e de aclarar mais e mais a noção de melhores possibilidades sociais? Em suma, a filosofia não se empenharia em justificar uma ideia ou um ideal que, em vez de expressar a noção de um outro mundo ou de algum fim remoto e irrealizável, fosse usado como método de compreensão e correção dos males especificamente sociais?

Esta não é senão uma proposição vaga. Note-se, porém, em primeiro lugar, que semelhante concepção sobre a missão da filosofia, aliviada que fosse da metafísica da inútil epistemologia, está em conformidade com a origem da filosofia delineada no primeiro capítulo. Note-se, em segundo lugar, como a sociedade contemporânea, em todas as partes do globo, necessita de uma mais ampla e fundamental elucidação e direção do que a que possui atualmente. Tenho-me esforçado em mostrar que uma mudança radical na maneira de conceber o conhecimento, de contemplativo para ativo, é resultado inevitável do modo como as pesquisas e descobertas são agora levadas a efeito. Mas, ao fazer tal afirmação, temos de admitir que por enquanto a mudança tem influído, em mais larga escala, apenas no lado técnico da vida humana. As ciências têm criado novas artes industriais. O comando físico do homem sobre as energias naturais tem-se multiplicado de modo indefinido. Controlam-se as fontes de riqueza material e de prosperidade. O que outrora teria sido considerado milagre, é agora executado diariamente com o vapor, com o carvão, com a eletricidade, com o ar, e até com o corpo humano. Contudo, é restrito o número de pessoas suficientemente otimistas a declararem que já se conseguiu idêntico domínio sobre as forças que controlam o bem-estar social e moral da humanidade.

Onde está o progresso moral correspondente às nossas realizações de ordem econômica? Tais realizações são o fruto imediato da revolução operada nas ciências físicas. Mas onde há uma ciência e uma arte humana correspondente? Além de manter o aperfeiçoamento do método de conhecer apenas circunscrito a assuntos técnicos e econômicos, esse progresso trouxe consigo novas e sérias agitações de ordem moral. Basta citar apenas a última guerra; o problema do capital e do trabalho; as lutas de classes; o fato de que, enquanto a nova ciência tem realizado maravilhas na medicina e na cirurgia, ela tem igualmente criado, em escala sempre crescente, circunstâncias propícias ao aparecimento de doenças e enfermidades. Estas considerações mostram-nos o quanto nossa política se encontra atrasada, quão cru e primitivo se apresenta nosso sistema educacional, quão passiva e inerte se revela nossa moral. Subsistem as causas que trouxeram a filosofia à existência, como tentativa de encontrar um substituto inteligente do costume cego, e do impulso não menos cego como guias da vida e da conduta. A tentativa não surtiu efeito. Não haverá razão para acreditar que a libertação da filosofia de sua carga de metafísica e de epistemologia estéreis, em vez de despojá-la de problemas e de conteúdo, abriria caminho a questões das mais perturbadoras e das mais significativas?

Permita-me especificar um problema diretamente sugerido por certos pontos focalizados aqui. Tem-se salientado que a aplicação realmente proveitosa da ideia contemplativa não ocorreu na ciência, mas sim no campo estético. É difícil imaginar qualquer desenvolvimento importante no domínio das belas-artes, caso não haja interesse ativo e curioso pelas formas e movimentos do mundo, independentemente do uso com que possam ser empregados. Nem há exagero em dizer que todos os povos que alcançaram elevado desenvolvimento estético têm sido aqueles em que floresceu a atitude contemplativa – foi o que sucedeu com os Gregos, com os Hindus e com os cristãos da Idade Média. Por outro lado, a atitude científica que realmente se revelou no progresso científico é, como já mostramos, uma atitude prática. Ela assume formas que são como se fossem disfarces de processos ocultos; e seu interesse pela mudança visa ao termo que esta conduz, o que pode ser feito com ela, às aplicações destinadas a ela. Embora tenha colocado a natureza sob controle, algo de agressivo e duro existe em sua atitude em face da natureza, atitude essa adversa ao prazer estético do mundo. Sem dúvida, não há neste mundo questão mais importante do que a referente à possibilidade e ao método de reconciliação das atitudes da ciência prática e da apreciação estética contemplativa. Sem a primeira, o homem é vítima das forças naturais que não pode usar ou controlar. Sem a última, o gênero humano converter-se-ia numa raça de monstros econômicos, sempre à cata de sórdidos negócios com a natureza, quando não entre si, corroídos pela ociosidade ou incapazes de dar um sentido ao lazer que não o de ostentação, exibição ou extravagante dissipação.

Como outras questões éticas, esta é de ordem social e mesmo política. Os povos do Ocidente avançaram mais cedo do que os do Oriente no caminho da ciência experimental e de suas aplicações ao domínio da natureza. Não é totalmente fora de propósito acreditar que os orientais tenham incorporado em seus hábitos de viver uma disposição mais contemplativa, mais estética e especulativamente mais religiosa, enquanto os ocidentais têm manifestado uma índole muito mais científica, industrial e prática. Essa diferença, e outras que em torno dela se acumularam, é uma barreira à fácil compreensão mútua, ao mesmo tempo em que é fonte de incompreensões. Por conseguinte, a filosofia, se se empenhasse a sério em compreender essas respectivas atitudes em suas relações e na devida estimativa, dificilmente deixaria de estimular a capacidade dos povos para mutuamente se aproveitarem de suas experiências e cooperarem de modo mais eficaz no desempenho de tarefas em prol de uma cultura profícua.

Na verdade, custa a crer que a questão do "real" e do "ideal" viesse, um dia, a ser considerada um problema tipicamente filosófico. O simples fato deste problema – o mais sério de todos da humanidade – ter sido tomado pela filosofia é, por si só, outra prova dos graves inconvenientes que se seguem ao se considerar o conhecimento e o intelecto como autossuficientes. Nunca o "real" e o "ideal" se mostraram tão clamorosos e arrogantes como agora, como nunca estiveram tão distanciados desde que o mundo é mundo. A guerra mundial foi levada a efeito para fins puramente ideais: – em defesa da humanidade, da justiça e da igual liberdade de fracos e fortes. E foi levada a efeito por meios realistas de ciência aplicada, por altos explosivos, por aviões de bombardeamento, por mecanismos maravilhosos de bloqueio que reduziram o mundo quase a um montão de ruínas, de tal forma que os homens bem intencionados se sentem vivamente preocupados pela sorte de certos valores de escolha que denominamos civilização. O estabelecimento da paz é ruidosamente proclamado em nome dos ideais que suscitam as mais profundas emoções humanas, mas juntamente com a mais realista atenção aos pormenores de vantagens econômicas distribuídas proporcionalmente ao poder material capaz de no futuro criar novas perturbações.

Não causa surpresa que certos homens sejam induzidos a considerar todo idealismo como mera cortina de fumo, por detrás da qual seja possível levar por diante com maior eficácia a procura de lucros materiais, nem que tais homens se convertam à interpretação materialista da história. A "realidade" é então concebida como força física, como sensação de poderio, de lucro e de prazer; e qualquer política que atenta a outros fatores, salvo como elementos de propaganda sagaz e de controle dos seres humanos que não se encontram elucidados realisticamente, é baseada na ilusão. Porém, outros estão igualmente certos de que a lição real da guerra é de que a humanidade deu seu primeiro grande passo errado quando enveredou pelo cultivo da ciência física e pela aplicação dos resultados da mesma ciência à melhoria dos instrumentos da vida – indústria e comércio. Estarão ansiosos pelo retorno do dia em que, enquanto as grandes multidões morriam como rebanhos de animais, uns poucos eleitos se dedicavam, não à ciência, nem à decência e ao conforto material da existência, mas sim às coisas "ideais", às coisas do espírito.

Contudo, a mais óbvia conclusão parece ser a impotência e a nocividade de todo e qualquer ideal proclamado de modo absoluto e em abstrato; isto é, como sendo alguma coisa em si, à parte das minúcias das existências concretas, cujas possibilidades em movimento ela incorpora. A moral autêntica parece residir em sublinhar a tragédia daquele idealismo que acredita num mundo espiritual que existe em si e por si, bem como a trágica necessidade de promover o estudo, realista ao máximo, das forças e consequências, estudo esse a ser levado a efeito de maneira científica mais acurada e completa do que a da declarada *Real-politik*. Pois não é atitude verdadeiramente realista ou científica limitar-se a exames rápidos, sacrificar o futuro à pressão do momento presente, ignorar fatos e forças que sejam desagradáveis e engrandecer a qualidade permanente do que quer que se harmonize com desejo imediato. Não é verdade que os males da situação presente se originem da ausência de ideais, eles surgem de ideais errôneos. E esses ideais errôneos apoiam-se na ausência, na esfera social, daquela indagação metódica, sistemática, imparcial e crítica, das condições "reais" operativas que denominamos ciência, e que conduziu os homens ao reino da técnica e ao comando das energias naturais.

Reafirmando, a filosofia não pode "resolver" o problema da relação entre o ideal e o real. Este é o problema permanente da vida. Mas pode, ao menos, diminuir a carga da humanidade, lidando com o problema, de modo a emancipar o gênero humano dos erros fomentados pela própria filosofia – a existência de condições que estão realmente separadas de seu movimento para algo de novo e diferente, a existência de ideais, do espírito e da razão, independentemente das possibilidades do que é material e físico. Enquanto a humanidade for vítima deste preconceito radicalmente falso, caminhará às cegas e com os membros tolhidos. E a filosofia poderá efetuar, caso queira, algo mais que esta tarefa negativa. Será mais fácil para a humanidade tomar os procedimentos mais corretos ao esclarecer que uma inteligência generosa e integral, aplicada à observação e à compreensão dos acontecimentos e forças sociais concretas, poderá formar ideais, isto é, objetivos que não sejam ilusões ou meras compensações emocionais.

[Capítulo VI]

A Significação da Reconstrução Lógica

A LÓGICA – DO MESMO MODO QUE A FILOSOFIA – É VITIMA DE CURIOSA OSCILAÇÃO. É elevada à categoria de ciência suprema e legislativa só para, logo a seguir, cair na situação trivial de guardiã de afirmações, tais como A é A, e dos versos escolásticos das regras do silogismo. Reivindica o poder de estabelecer as leis da estrutura básica do universo, sob a alegação de se ocupar com as leis do pensamento, em conformidade com as quais a Razão formou o mundo. Ou então se circunscreve em suas pretensões às leis do raciocínio correto, o qual é correto, embora não conduza a nenhum fato real, ou até mesmo leve a qualquer falsidade material. O moderno idealista objetivo considera-a como sendo o substituto adequado da antiga metafísica ontológica; enquanto outros a reputam um ramo da retórica que ensina a argumentar com proficiência. Por algum tempo manteve-se certo equilíbrio de compromisso superficial, pelo qual a lógica da demonstração formal, extraída de Aristóteles na Idade Média, se completava com uma lógica indutiva de descoberta da verdade, extraída dos métodos usados pelos cientistas por Stuart Mill. Mas os estudiosos da filosofia germânica, da matemática e da psicologia, a despeito de todas as suas mútuas divergências, uniram-se e organizaram-se para, em comum, atacarem a lógica ortodoxa, tanto da prova dedutiva como da descoberta indutiva.

A teoria lógica apresenta uma cena caótica. Há pouca uniformidade de opiniões quanto à sua matéria, ao seu escopo ou fim. Esta discordância não é formal ou nominal, mas afeta o modo de tratar cada tema. Examine-se, por exemplo, uma questão rudimentar, tal como a natureza do juízo. É fácil citar autoridades consagradas, em abono de cada variedade possível de doutrina. O juízo ocupa lugar central na lógica; entretanto, para outros, o juízo não é, por forma alguma, lógico, mas sim pessoal e psicológico. Para os que o consideram lógico, constitui a função primária à qual o conceito e a inferência estão subordinados; para outros, o juízo é apenas o resultado dessas duas operações. A distinção entre sujeito e predicado é necessária; ou é totalmente dispensável; ou, para outros, muito embora seja encontrada em alguns casos, não é de grande importância. Entre os que advogam ser essencial a relação entre sujeito e predicado, há quem entenda que o juízo seja a análise de alguma coisa anterior a ambos, enquanto outros afirmam que é síntese desses dois conceitos formando nova entidade. Há quem entenda que a realidade é sempre o sujeito do juízo, ao passo que, segundo outros, a "realidade" é logicamente irrelevante. Entre os que negam que o juízo seja atribuição do predicado ao sujeito, e que o consideram como relação de elementos, uns sustentam que a relação é "interna"; outros, que é "externa"; e ainda outros acham que ela é, algumas vezes interna, outras vezes externa.

A menos que a lógica seja assunto de alguma importância prática, tais divergências são tão numerosas, tão amplas e tão irreconciliáveis que caem no ridículo. Mas se lógica é realmente coisa de utilidade prática, então essas inconsistências são sérias por testemunharem a existência de alguma causa profunda de discordância e incoerência intelectual. De fato, a teoria lógica contemporânea é a arena onde todas as diferenças e discussões filosóficas se reúnem e enfocam. Como é que a modificação na concepção tradicional da relação entre experiência e razão, entre o real e o ideal, afeta a lógica?

Afeta, em primeiro lugar, a natureza da própria lógica. Se o pensamento ou a inteligência é o meio da reconstrução intencional da experiência, nesse caso a lógica, enquanto descrição do processo do pensamento, não é puramente formal, não se confina a leis de raciocínio formalmente correto, independentemente da matéria em questão. Tampouco tem a ver com as inerentes estruturas de pensamento do universo, como sustentava a lógica de Hegel; nem com as sucessivas aproximações do pensamento humano à estrutura do pensamento objetivo, como na lógica de Lotze, Bosanquet, e de outros lógicos epistemólogos. Se o pensar é o meio de assegurar uma reorganização da experiência, então a lógica é a formulação clarificada e sistematizada dos processos do pensamento, mediante a qual a reconstrução preconizada continuará processando-se com maior economia e eficiência. Em linguagem familiar aos estudiosos, a lógica é tanto ciência como arte: é ciência, à medida que fornece uma descrição organizada e comprovada da maneira por que o pensamento realmente opera; é arte, à medida que, à base desta descrição, planeia métodos pelos quais o pensamento no futuro se beneficiará das operações que conduzem ao êxito e evitará as que resultam em fracasso.

Assim fica dada a resposta à controvérsia a respeito da natureza da lógica: se ela é empírica ou normativa, psicológica ou reguladora. A lógica é tudo isso. Baseia-se num suprimento definido e ativo de material empírico. Desde os tempos remotos, os homens fazem uso do pensamento, observando, inferindo, e raciocinando dos modos mais variados, a fim de chegar a toda espécie de resultados. A antropologia, o estudo das origens do mito, da lenda e do culto; a linguística e a gramática; a retórica e as primitivas composições lógicas, tudo isto nos mostra os diversos modos de que se revestiu o pensamento do homem, e quais os fins e consequências das diferentes maneiras de pensar. A psicologia experimental e patológica exemplifica contribuições importantes às informações que possuímos a respeito do processo do pensamento e de seus fins. De modo peculiar, o relato referente ao incremento das várias ciências subministra-nos instruções sobre os meios concretos de pesquisa e de prova que têm desencaminhado os homens, bem como os que se têm revelado beneficentes. Em cada ciência, desde a matemática à história, se descobrem métodos típicos irreais e métodos típicos eficazes em determinados assuntos. Por onde se vê que, diante da teoria lógica, abre-se vasto e praticamente ilimitado campo de estudos empíricos.

A afirmação convencional de que a experiência só testemunha o modo como os homens pensaram ou produzem o pensamento, enquanto a lógica se refere a normas, à maneira como os homens deveriam pensar, é estúpida e ridícula. A experiência já demonstrou que alguns modos de pensar conduziram a um beco sem saída ou, pior do que isso, descambaram em ilusões e erros sistematizados. Outros têm dado provas, em claras experiências, de haverem produzido descobertas permanentes e fecundas. É precisamente na experiência que se patenteiam, de maneira convincente, as diversas consequências dos diversos métodos de investigação e raciocínio. A repetição, à maneira de papagaio, da distinção entre a descrição empírica do que realmente é e o relato normativo do que deveria ser, não leva em conta o fato mais surpreendente relativo ao pensamento, tal como empiricamente é – a saber, sua manifesta exibição de casos de fracasso e de êxito – ou, por outras palavras, os modos de pensar corretos e os incorretos. Quem quer que considere esta manifestação empírica não lamentará a falta de material, com o qual seja dado construir uma arte reguladora. Quanto mais se estudarem os depoimentos empíricos do pensamento real, mais evidente se torna a conexão existente entre os traços específicos do pensamento que tem originado fracasso e êxito. Dessa relação de causa e efeito, empiricamente averiguada, é que procedem as normas reguladoras de uma arte de pensar.

Cita-se frequentemente a matemática como exemplo de pensamento puramente normativo dependente de cânones e de material supraempírico. Entanto, é difícil compreender como o estudioso, que se baseia no ponto de vista histórico, possa subtrair-se à conclusão de que a natureza da matemática é tão empírica quanto a natureza da metalurgia. Os homens começaram a contar e a medir objetos precisamente quando começaram a triturá-los e a queimá-los. Como diz a sabedoria popular, uma coisa levava à outra. Certos métodos foram bem-sucedidos não simplesmente à luz do senso prático imediato, mas sim porque despertavam interesses, suscitavam a atenção e estimulavam as tentativas de criar melhorias. O lógico matemático moderno pode apresentar a estrutura da matemática, como se ela tivesse saído, de um jato, do cérebro de um Zeus, cuja anatomia fosse a de uma lógica pura. Nem por isto, entretanto, essa mesma estrutura deixa de ser produto de longa evolução histórica durante a qual foram tentados todos os tipos de experiências, e no decorrer da qual certos homens se decidiram a enveredar por este caminho, e outros por outro. Como resultado, alguns exercícios e operações redundaram em confusão, ao passo que outros culminaram em esclarecimentos vitoriosos e em desenvolvimentos fecundos. Toda uma história em que a seleção de materiais e de métodos se foi desenrolando com base em êxitos e fracassos empíricos.

A estrutura de uma matemática *a priori* pretensamente normativa constitui, na verdade, o resultado de penosas experiências levadas a efeito durante séculos consecutivos. O metalúrgico, que tivesse de escrever sobre o mais aperfeiçoado método de manipulação dos minérios, por certo não procederia de maneira diferente. Ele também seleciona, melhora e organiza os métodos que no passado provaram ser os que mais rendimentos produziram. A lógica reveste-se de importância profundamente humana, justamente por se apoiar em base empírica e por comportar aplicação experimental. Assim considerado, o problema da teoria lógica nada mais é que o problema da possibilidade do desenvolvimento e emprego do método inteligente em conduzir pesquisas relacionadas com a premeditada reconstrução da experiência. Isto equivale a expressar, em termos mais específicos, o que tem sido dito em termos gerais. Faltando apenas acrescentar que, enquanto tal lógica se tem desenvolvido no domínio da matemática e da ciência física, ela ainda está longe de haver encontrado um método inteligente na esfera das questões morais e políticas.

Admitindo, sem discussão, esta ideia sobre a lógica, passemos a analisar algumas de suas principais características. Em primeiro lugar, a origem do pensamento derrama luz sobre uma lógica que deva servir de método na orientação inteligente da experiência. Em correspondência com o que temos dito sobre a experiência, considerada primariamente como questão de comportamento e de natureza sensório-motriz, está o fato de o pensamento ter seu ponto de partida em conflitos específicos na experiência, que ocasionam perplexidades e perturbações. Em seu estado natural, o homem não pensa, quando não tem obstáculos pela frente, nem dificuldades que superar. Uma vida fácil, de êxitos sem esforço, seria uma vida irrefletida e privada do ato de pensar; como também assim o seria uma vida de onipotência de antemão assegurada. Seres que pensam são seres cuja vida é a tal ponto enclausurada e apertada. Não lhes é possível levar diretamente a efeito uma ação seguida e coroá-la de êxito. Igualmente, os homens não tendem a fazer uso da faculdade de pensar quando, encontrando-se envolvidos em dificuldades, a ação lhes é imposta por via autoritária. Os soldados encontram-se cercados por inúmeras dificuldades e restrições, mas enquanto soldados (como diria Aristóteles) não se notabilizam pela faculdade de pensar. Outros, colocados em escala superior, pensam por eles. Outro tanto acontece com a maioria dos operários nas presentes condições econômicas. As dificuldades dão ensejo a que se manifeste o pensamento, somente quando este é o caminho obrigatório ou urgente para sair delas, somente quando é a via indicada para uma solução. Onde quer que impere a autoridade externa, o pensamento é suspeito e nocivo.

Entretanto, o ato de pensar não é o único expediente de que se lança mão para encontrar uma solução pessoal das dificuldades. Como temos visto, sonhos, devaneios, idealizações emotivas são caminhos por onde enveredamos para fugir à pressão das perplexidades e dos conflitos. De acordo com a psicologia moderna, muitas ilusões e desordens mentais sistematizadas, talvez a própria histeria, são como que artifícios engendrados para afastar fatores importunos de conflito. Tais considerações focalizam alguns traços essenciais do pensamento como modo de reagir às dificuldades. As "soluções" rápidas há pouco mencionadas não liquidam os conflitos e os problemas; libertam-nos apenas da sensação. Quando muito, ocultam a consciência deles. E porque os conflitos permanecem de fato, e só em pensamento são evitados, é que surgem as desordens.

Portanto, a primeira característica relevante do ato de pensar consiste em encarar os fatos, pesquisando-os, observando-os e inspecionando-os ampla e minuciosamente. Nada tem sido tão nocivo à bem-sucedida condução do ato de pensar (e à lógica que o reflete e formula) como o hábito de tratar a observação como coisa alheia e anterior ao pensamento, e o ato de pensar como coisa que se processa no cérebro, mas sem incluir a observação de novos fatos como parte integrante de si mesmo. Qualquer forma de se aproximar de tal "maneira de pensar" equivale, na realidade, a aproximar-se do método de evasão e autoilusão a que nos referimos há pouco. Tal método, que substitui a pesquisa dos aspectos da situação que determinam as perturbações por uma sequência de significados emocionalmente agradáveis e racionalmente autoconsistentes, conduz àquele tipo de

Idealismo a que se tem, com muita propriedade, dado o nome de sonambulismo intelectual, e cria uma classe de "pensadores" (classe essa irresponsável, embora socialmente de categoria superior) que, vivendo afastados da prática, não param de pôr seus pensamentos à prova mediante a aplicação. Esta é a condição causadora da trágica divisão entre a teoria e a prática, conduzindo, de um lado, a uma desmedida exaltação da teoria e, de outro, a um não menos desmedido desprezo por ela; e ratifica as injustas brutalidades e rotinas ultrapassadas da prática corrente, justamente por haver transferido o pensamento e a teoria para uma região separada e mais nobre. Foi assim que o idealista conspirou com o materialista para manter a vida real atual pobre e injusta.

A prática de conservar o pensamento isolado do confronto com os fatos estimula aquele tipo de observação que se limita a acumular fatos brutos, e que se ocupa laboriosamente com meros pormenores, sem se dar ao trabalho de indagar o seu significado e as suas consequências: ocupação cômoda, por certo, que não deixa de estudar o uso que deve ser feito dos fatos observados, em ordem a estabelecer um plano tendente a modificar a situação. O ato de pensar, que seja realmente um método de reconstrução da experiência, encara, por outro lado, a observação dos fatos como passo indispensável à definição dos problemas, à localização das dificuldades, como modo, enfim, de forçar a convicção precisa, e não meramente vaga e emocional daquilo que a dificuldade é e do lugar onde se encontra. Tal método não é aéreo, fortuito e confuso; é, sim, intencional, específico e circunscrito pela natureza da dificuldade em questão. Propõe-se a clarificar a situação conturbada e confusa de modo que processos razoáveis possam ser tirados a limpo. Quando o cientista leva a frente uma observação sem ter em vista um intuito, isso quer apenas dizer que ele está tão apaixonado pelos problemas como fontes e guias de pesquisa que se esforça em fazer surgir um problema quando nenhum aparece: ele está, como costumamos dizer, procurando barulho, movido pela satisfação que sente ao enfrentá-lo.

Portanto, a observação específica e ampla do fato concreto corresponde sempre ao senso de um problema ou dificuldade, e a um vago senso do significado da dificuldade; ou seja, daquilo que essa dificuldade implica ou significa em experiências subsequentes.

É como uma antecipação ou predição do que está para acontecer. Falamos, a cada passo, de perturbações iminentes, e quando observamos os sinais do que seja perturbação, estamos ao mesmo tempo aguardando, prevendo; em suma, planejando uma ideia, tornando-nos cientes de uma significação. Quando a perturbação, não só é iminente, mas já se tornou real, presente, sentimo-nos subjugados; não pensamos, mas abrimos caminho à depressão. A espécie de perturbação ou dificuldade que ocasiona o ato de pensar é aquela que é incompleta e que está em fase de desenvolvimento; aquela, onde o que se encontra já em existência pode ser empregado como sinal, onde se infira o que provavelmente está para acontecer. Quando observamos as coisas com olhos inteligentes, estamos, como costumamos dizer, apreensivos, ao mesmo tempo em que apreendendo; estamos à espreita, alertas quanto ao que está para vir. Curiosidade, pesquisa, investigação concentram-se tão realmente naquilo que está para acontecer, quanto naquilo que já aconteceu. Interessar-se de modo inteligente naquilo que já aconteceu equivale a interessar-se em evidências, indicações e sintomas, que permitam inferir o que está para acontecer. Observação é diagnóstico, e diagnóstico implica um interesse em antecipação e preparação, isto é, prepara de antemão uma atitude de resposta de modo que não sejamos colhidos de surpresa.

Todavia, aquilo que não existe, aquilo que só é antecipado e inferido, não pode ser observado, pois não possui ainda a condição de um fato, de alguma coisa dada, estabelecida, sendo apenas uma expressão, uma ideia. Quando as ideias não são fantasias urdidas por recordações emocionais, que sirvam de abrigo à evasão da realidade, são precisamente antecipações de alguma coisa que ainda está para vir, originadas na contemplação de fatos de uma situação em fase de desenvolvimento. O ferreiro observa o ferro, sua cor e constituição, para se certificar da transformação que está prestes a ocorrer; o médico observa o enfermo, para descobrir sintomas de mudança de alguma direção definida; o cientista concentra a atenção nos materiais do laboratório para tirar alguma sugestão do que irá acontecer em determinadas condições. O simples fato de a observação não ser um fim em si mesma, mas uma pesquisa em busca de provas e de sinais, mostra que, a seu lado, caminha a inferência, a previsão antecipada – em suma, uma ideia, um pensamento ou conceito.

Num contexto mais técnico, valeria a pena verificar que espécie de luz esta correspondência lógica do fato observado, da ideia ou significação planejada derrama sobre certos problemas e enigmas filosóficos tradicionais, inclusive o do sujeito e predicado no juízo, e, de modo geral, o do "real" "ideal". Todavia, nesta altura, devemos circunscrever-nos a salientar que esta opinião da origem e função correlativa entre o fato observado e a ideia planejada na experiência nos conduz a algumas consequências muito importantes, no que tange à natureza das ideias, dos significados e conceitos, ou de qualquer outro termo que possa ser empregado para denotar a função especificamente mental. Por serem sugestões de alguma coisa que pode acontecer, são (como vimos no caso dos ideais em geral) plataformas de resposta ao que está acontecendo. O homem, que descobre que um automóvel pode ser a causa de sua dificuldade, não possui uma segurança garantida; é possível que sua previsão, embora antecipada, tenha sido feita demasiado tarde. Mas, se sua observação antecipada se efetua a tempo, possui base firme para fazer alguma coisa que afaste o desastre que o ameaça. Pelo fato de prever um resultado iminente, estará apto a fazer alguma coisa, mercê da qual a situação enverede por caminho diferente do previsto. Todo ato de pensar que seja inteligente irá significar o incremento de liberdade de ação – a emancipação do acaso e da fatalidade. O "Pensamento" representa a sugestão de um modo de reagir, diferente daquele que teria sido seguido, se a observação inteligente não houvesse efetuado uma inferência relativa ao futuro.

Agora, um método de ação, um modo de reação endereçado a produzir determinado resultado – isto é, habilitar o ferreiro a dar certa forma ao ferro em brasa, o médico a tratar o enfermo para facilitar-lhe a cura, o pesquisador científico a tirar uma conclusão que se aplique por igual a outros casos – é, pela natureza própria do caso, experimental, até que os resultados o comprovem. Mais abaixo, será discutida a importância deste fato para a teoria da verdade. Baste aqui notar que noções, teorias, sistemas, por mais elaborados e autoconsistentes que sejam, devem ser encarados apenas como hipóteses, aceitos simplesmente como bases de ação que os comprove, e nunca como algo de último e final. A compreensão deste fato importa na abolição de dogmas rígidos; equivale a reconhecer que concepções, teorias e sistemas de pensamento são sempre passíveis de aperfeiçoamento mediante o uso; é o mesmo que inculcar a lição de precisarmos estar sempre alertas tanto com o propósito de encontrar indicações que neles introduzam alterações, e com oportunidades de lutar por eles. São instrumentos em conformidade com o que acontece a todos os instrumentos, e seu valor não reside neles mesmos, mas sim na capacidade de trabalho demonstrada pelas consequências de seu uso.

Além disso, a pesquisa só é livre quando o interesse em conhecer toma tal incremento, que o ato de pensar acarreta consigo algo que vale por si mesmo, algo que possui interesse estético e moral próprio. Justamente porque o conhecimento não é uma coisa em si mesma enclausurada e final, mas sim instrumento de reconstrução de situações; há sempre o perigo de ser subordinado à manutenção de algum propósito preconcebido ou preconceito. Nesse caso, a reflexão cessa de ser completa e não atinge seu objetivo. Desde que esteja antecipadamente empenhada em chegar a algum resultado especial, não será sincera. Uma coisa é dizer que todo conhecimento tem um fim além de si mesmo, e outra coisa, muitíssimo diferente, é dizer que um ato de conhecer tem um fim peculiar, ao qual de antemão se obriga a chegar. Muito menos é verdade que a natureza instrumental do pensamento signifique que este existe com o fim de alcançar alguma vantagem particular, e unilateral, na qual pusemos todo nosso empenho. Qualquer limitação do fim significa uma limitação no próprio processo do pensamento: significa que este último, longe de alcançar seu pleno desenvolvimento e movimento, fica paralisado, frustrado, obstruído. A única situação em que o ato de conhecer é plenamente estimulado é aquela em que o fim se vai desenvolvendo através do processo de pesquisa e de prova.

A pesquisa desinteressada e imparcial, longe de significar que o conhecimento é preso em si mesmo e irresponsável, significa antes que não existe nenhum fim particular estatuído que prenda as atividades de observação, de formação de ideias e de aplicação. A pesquisa, emancipada, é incitada a atender a todos os fatos que interessam à definição ou circunscrição do problema ou necessidade, e a levar em conta todas as sugestões capazes de apresentar a pista de uma solução. São tantas e tão sólidas as barreiras postas à livre pesquisa, que a humanidade deve ser agradecida pelo fato de todo ato de investigação ser capaz de se converter em empreendimento deleitável e absorvente e de congregar em torno de si todos os instintos desportivos do homem.

Justamente à medida que o pensamento vai escapando dos fins fixados por costumes sociais, a divisão social do trabalho cresce. Na vida de certas pessoas, a investigação tornou-se ocupação dominante. Contudo, só de modo superficial isto confirma a ideia de serem a teoria e o conhecimento fins em si mesmos. Teoria e conhecimento são, relativamente falando, fins em si para determinadas pessoas; mas estas representam tão somente uma divisão social do trabalho, e a especialização, em que se confinaram, apenas pode merecer confiança, quando tais pessoas entram em franca cooperação com outras ocupações sociais, e se mostram sensíveis aos problemas de seus semelhantes, a ponto de lhes transmitirem os resultados, a que porventura hajam chegado, para mais ampla aplicação no domínio da ação. Quando esta correlação social de pessoas particularmente empenhadas no empreendimento do conhecimento é esquecida, e as classes se isolam umas das outras, a pesquisa perde seu estímulo e finalidade, degenera em especialização estéril, numa espécie de atividade intelectual exercida por homens socialmente alheios a sua vinculação social. Acumulam-se minudências sobre minudências em nome da ciência, e surgem então articulações abstrusas, dialéticas, de sistemas. Então a ocupação é "racionalizada" sob a capa pomposa de amor à verdade enquanto tal. Mas quando o caminho da verdadeira ciência é retomado, logo tais coisas são lançadas à margem e votadas ao esquecimento, tidas como bugigangas com que se divertiam homens irresponsáveis e vaidosos. A garantia única da pesquisa imparcial e desinteressada está na sinceridade do pesquisador perante as necessidades e os problemas daqueles que com ele se associam.

A teoria instrumental, do mesmo modo que se mostra favorável à elevada estima da pesquisa imparcial e desinteressada, contrária às impressões de certos críticos, atribui grande valor ao aparato da dedução. É estranha a noção, segundo a qual, pelo fato de normalmente se dizer que o valor cognitivo das concepções, definições, generalizações e classificações, bem como o desenvolvimento de implicações consecutivas, não é algo de intrínseco; é estranha, digo, a noção de que, devido a estas congeminações, se atribua menos valor à função dedutiva ou se negue sua fecundidade e necessidade. A teoria instrumental propõe-se tão somente estabelecer, com algum escrúpulo, onde se encontra o valor, e impedir que ele seja procurado no lugar indevido. Ela afirma que o conhecimento começa com observações específicas que circunscrevem o problema, e termina em observações específicas que comprovam a hipótese referente à sua solução. Mas que a ideia, o sentido, que as observações iniciais sugerem e as finais comprovam, requer exame cuidadoso e desenvolvimento prolongado, a teoria instrumental seria a última a negá-lo. Dizer que uma locomotiva é um instrumento, algo intermediário entre uma necessidade e a satisfação desta necessidade, não significa depreciar o valor da esmerada e a cuidadosa construção da locomotiva, ou a necessidade de instrumentos e processos subsidiários que visem introduzir melhoramentos em sua estrutura. Com mais propriedade se diria que, pelo fato de a locomotiva ser intermediária na experiência, não primária nem final, é impossível exagerar o cuidado em seu desenvolvimento construtivo.

Ciências dedutivas, tais como a matemática, representam o aperfeiçoamento do método. O fato de o método ligado a essas ciências se apresentar como fim em si não é mais surpreendente do que o fato de ter de haver diversas profissões para a fabricação dos variados tipos de instrumentos. Raramente os que inventam e aperfeiçoam um instrumento são os mesmos que o empregam. É realmente notável a diferença entre a instrumentalidade física e a instrumentalidade intelectual. O desenvolvimento desta última processa-se muito além de qualquer uso imediato e visível. O interesse artístico no aperfeiçoamento do método por si mesmo é impiedoso – exatamente como os utensílios da civilização podem por si mesmos converter-se em obras da mais requintada arte. Mas, do ponto de vista prático, mostra que a vantagem, como instrumentalidade, está do lado do instrumento intelectual. Precisamente por não haver sido formado com vistas a uma especial aplicação no espírito; e por ser instrumento altamente generalizado, ele é de adaptação mais flexível a usos imprevistos e pode sem dúvida ser empregado na discussão de problemas que não tenham sido previstos. O espírito está de antemão preparado para todas as modalidades de emergências intelectuais, e quando um novo problema se apresenta, não tem de esperar até que lhe venha às mãos um instrumento especial.

De modo mais definido, a abstração é indispensável caso uma experiência deva ser aplicável a outras experiências. Toda experiência concreta, em sua totalidade, é única, é ela própria, não se repete; e tomada em sua plena forma concreta, não subministra instrução, nem esparge nenhuma luz. O que comumente se denomina abstração não significa que se seleciona alguma fase da experiência concreta, em vista do auxílio que ela empresta à compreensão de alguma outra coisa. Tomada em si é um fragmento mutilado, apenas um mero substituto de um todo vivo de onde foi extraída. Mas encarada do ponto de vista teleológico ou prático, representa o único meio pelo qual uma experiência pode assumir valor relativo à outra – o único meio de assegurar algum esclarecimento. O chamado abstracionismo, falso ou defeituoso, significa apenas que a função do fragmento que foi extraída é esquecida e descurada, a ponto de ser considerada em si mesma tão somente como algo pertencente à ordem superior da experiência concreta, confusa e irregular de onde foi arrancada. Examinada sob o prisma funcional, não estrutural e estático, a abstração significa que alguma coisa foi desprendida de uma experiência, a fim de ser transferida para outra. Abstração é liberação, e quanto mais teórica e abstrata venha a ser, ou quanto mais distante estiver de alguma coisa experimentada em sua forma concreta, tanto mais aparelhada se torna para ser aplicada a alguma das infinitas e variadas coisas que posteriormente se possam apresentar. A matemática e a física antigas achavam-se muito mais próximas da experiência concreta ordinária do que modernamente essas mesmas ciências se encontram. Por esta razão eram mais impotentes para subministrarem uma visão íntima, bem como o mais eficiente controle das formas concretas da experiência, quando estas reaparecessem em indumentárias novas e inesperadas.

Abstração e generalização têm sido sempre consideradas como estreitamente afins. Pode-se até afirmar que são as facetas positivas e negativas da mesma função. A abstração libera algum fator, de modo que este possa ser usado; a generalização é o uso; passa adiante e amplifica; é sempre, em certo sentido, um salto no escuro, uma aventura. Não pode haver certeza antecipada sobre se o que é extraído de uma experiência concreta possa ser profícuo quando estendido a outro caso individual. Basta que esses outros casos sejam individuais e concretos para necessariamente serem dessemelhantes. A característica do voo é tirada de um pássaro concreto. Esta abstração é, em outra ocasião, transferida ao morcego e, em virtude da aplicação desta qualidade, espera-se que esse animal possua outras características dos pássaros. Este exemplo trivial mostra qual é a essência da generalização e ilustra, por outro lado, o risco do procedimento. A generalização transfere, amplia, aplica o resultado de uma experiência anterior à recepção e interpretação de nova experiência. Os processos dedutivos definem, delimitam, purificam e põem em ordem os conceitos, mediante os quais esta operação enriquecedora e diretiva é levada a efeito; entretanto, por mais perfeitos que sejam, não logram garantir o resultado.

É tão evidente o valor pragmático da organização na vida contemporânea, que se torna desnecessário insistir no significado instrumental da classificação e da sistematização. Quando se negou que o objeto supremo do conhecimento era a existência de espécies qualitativas e fixas, a classificação foi considerada com frequência, especialmente por parte da escola empírica, como puro expediente linguístico. Interessava à memória e à comunicação dispor de termos que sintetizassem a soma de muitos indivíduos particulares. As classes, por suposição, existiam apenas na linguagem. Mais tarde, as ideias foram consideradas como espécie de *tertium quid* – algo de intermediário entre os objetos e as palavras. Às classes foi conferido o direito de existir na mente como conceitos puramente mentais. Temos aqui, exemplificada, a crítica do empirismo. Outorgar qualquer objetividade às classes equivalia a estimular a crença em espécies eternas e em essências ocultas, bem como a consolidar a autoridade de uma ciência decadente e obnóxia: ponto de vista bem elucidado em Locke. As ideias gerais são profícuas pelo esforço que economizam, por nos habilitarem a condensar experiências particulares em feixes mais simples e mais fáceis de transportar, além de facilitarem a identificação de novas observações.

Até aqui, o nominalismo e o conceptualismo – teoria, segundo a qual as espécies existem respectivamente ou só nos nomes ou só nos conceitos – estavam no reto caminho, salientando o caráter teleológico de sistemas e classificações, e tornando claro que estas duas coisas existem unicamente por motivo de economia e eficiência em alcançarem seus fins. Mas esta verdade degenerou em falsa noção, devido ao fato de o lado ativo e eficiente da experiência ter sido negado ou ignorado. As coisas concretas têm modos de agir, tantos modos de agir quantos os pontos de interação com outras coisas. Uma coisa pode ser insensível, indiferente e inerte na presença de algumas outras coisas; já na presença de outras coisas é ativa, impulsiva e, até mesmo, agressiva; por fim, diante de uma terceira ordem de coisas, poderá mostrar-se receptiva, dócil. Os diferentes modos de agir, em sua infinita diversidade, podem ser classificados em conjunto, em virtude da comum relação a um fim. Nenhuma pessoa sensata tenta fazer todas as coisas. Cada um de nós tem um certo número de interesses dominantes e de fins orientadores, mercê dos quais faz com que seu comportamento seja coerente e eficiente. Possuir uma aspiração equivale a limitar, selecionar, concentrar e agrupar. Deste modo se constitui uma base de seleção e organização das coisas, embora suas maneiras de agir dizem respeito a levar por diante uma atividade. As cerejeiras poderão ser agrupadas de modo diferente, conforme o classificador seja carpinteiro, pomicultor, artista, cientista ou folião. Para a execução de diferentes propósitos, são de vital importância os diferentes modos de agir e de reagir por parte das árvores. Toda classificação pode ser igualmente acertada, desde que se tenha em mente a diferença dos fins.

Contudo, há uma genuína norma objetiva para ajuizar a boa qualidade de classificações peculiares. Uns desejarão auxiliar o marceneiro a atingir o fim que tem em vista, ao passo que outros estão dispostos a embaraçá-lo. Determinada classificação poderá auxiliar com grande sucesso o botânico em suas pesquisas, ao passo que outra lhe retardará e perturbará a ação. A teoria teleológica da classificação não nos confina, portanto, na noção de as classes serem puramente verbais ou puramente mentais. A organização não é mais simplesmente nominal ou mental em qualquer arte, inclusive na arte da pesquisa, do que o é numa loja de armarinho ou numa estrada de ferro. Quem fornece o critério objetivo é a necessidade de execução. As coisas têm de ser classificadas e ordenadas de modo que seus agrupamentos concorram para promover uma ação profícua para o fim que se tem em mira. Conveniência, economia e eficiência são as bases de classificação, mas essas coisas não se circunscrevem a comunicações verbais com outrem, nem ao faro íntimo da consciência; concernem à ação objetiva, devem efetivar-se no mundo.

Ao mesmo tempo, uma classificação não é mera transcrição ou traslado de algum arranjo acabado e premeditado, preexistente na natureza; é antes um arsenal de armas de ataque contra o futuro e contra o desconhecido. Para se obter êxito, é importante que os pormenores de um conhecimento passado sejam reduzidos de simples fatos para significações, e quanto mais reduzidos em número, mais simples e mais extensos forem esses fatos, tanto melhor. Devem ser suficientemente gerais, a fim de permitirem que a pesquisa esteja à altura de se haver com qualquer fenômeno, por inesperado que seja; devem ser dispostos de maneira que não se sobreponham; pois quando aplicados a novos acontecimentos, sua interferência gerará confusão. Para que possa haver facilidade e economia de movimentos no trato com a enorme diversidade de ocorrências que se apresentam espontaneamente, precisamos ser capazes de nos transferir pronta e definitivamente de um instrumento de ataque para outro. Em outras palavras, nossas várias classes e espécies devem ser classificadas em séries graduadas, da mais ampla à mais específica. Não hão de existir apenas ruas, mas estas devem ser traçadas de maneira a facilitarem a passagem de uma para outra. A classificação transforma uma selva de atalhos em experiência, num ordenado sistema de estradas que promove o transporte e a comunicação das pesquisas. Tão logo os homens começam a tomar providências e a preparar-se de antemão para o futuro, a fim de enfrentá-lo com eficiência e êxito, as operações dedutivas e seus resultados ganham em importância. Em todo empreendimento prático há bens que devem ser produzidos, e tudo quanto possa eliminar o desperdício de material e promover economia e eficiência é tido como precioso.

Pouco tempo nos resta, para falar das informações sobre a natureza da verdade, que nos são subministradas pelo tipo experimental e funcional de lógica. Não há necessidade de arrependimento, porque tais informações não passam do resultado da natureza do pensamento e das ideias. Se for compreendida a noção referente a esta última, logicamente se segue a concepção da verdade; ao passo que, se não for compreendida, qualquer tentativa de apresentar a teoria da verdade está destinada a ser confusa, e a própria teoria em si a parecer arbitrária e absurda. Se as ideias, as concepções, as noções, as teorias e os sistemas são instrumentos da ativa reorganização do meio ambiente, da remoção de alguma dificuldade ou perplexidade específica, então a prova de sua validade e seu valor reside no cumprimento de tal tarefa. Caso sejam bem-sucedidas no desempenho de sua missão, serão, consequentemente, merecedoras de confiança, isentas de defeito, válidas, boas e verdadeiras. Caso não consigam desfazer a confusão e eliminar os defeitos, caso até aumentem a confusão, a incerteza e o mal, então são irremediavelmente falsas. A confirmação, a corroboração e a verificação residem nas obras e nas consequências. Generoso é quem procede generosamente. Pelos frutos se conhece a árvore. É verdadeiro aquilo que nos leva à verdade – a capacidade demonstrada para servir como tal guia é justamente o que designamos pelo termo "verdade". O advérbio "verdadeiramente" é algo mais fundamental do que o adjetivo "verdadeiro" ou o nome "verdade", pois, como advérbio, expressa um modo, uma forma de agir. Uma ideia ou concepção não é mais que uma reivindicação ou injunção ou plano de agir de certo modo, modo este pelo qual se esclarece uma situação peculiar. Quando exigência, pretensão ou plano, são postos em execução, somos guiados verdadeira ou falsamente, somos conduzidos ao nosso fim ou dele desviados. Sua função ativa, dinâmica, é tudo o que nela há de importante, e na qualidade de atividade produzida por ela reside toda sua verdade, quando não toda sua falsidade. A hipótese verdadeira é aquela que funciona adequadamente. E a verdade é um nome abstrato que aplicado ao conjunto de casos reais, previstos e desejados, recebe confirmação em suas obras e consequências.

O valor desta concepção da verdade depende, a tal ponto, da justeza do relato anterior do ato de pensar, onde é mais proveitoso considerar por que motivo a concepção constitui ofensa, do que expô-la por sua própria conta. Em parte, a razão de ter sido tão obnóxia é, sem dúvida, sua novidade e a maneira defeituosa de sua articulação. Demasiadas vezes, por exemplo, quando a verdade foi considerada como uma espécie de satisfação, foi apenas no sentido de satisfação emocional, de conforto privado, de confluência de necessidades meramente pessoais. Mas a satisfação referida significa uma satisfação das necessidades e condições do problema do qual se originam a ideia, o fim e o método de ação. Ela compreende condições públicas e objetivas e não é passível de ser manipulada por caprichos ou por idiossincrasias pessoais. Por outro lado, quando a verdade é definida como utilidade, muitas vezes pretende-se com isso significar apenas utilidade em vista de um fim pessoal, o proveito que algum indivíduo particular tem a peito conseguir. Tão repulsiva é a concepção da verdade que faz dela mero instrumento de ambição e de engrandecimento pessoal, sendo de admirar que os críticos a tenham atribuído a pessoas de mente sã. Realmente, a verdade, como utilidade, significa serventia em prestar justamente aquela contribuição à reorganização da experiência que a ideia, ou a teoria, pretende ser capaz de prestar. A utilidade de uma estrada não é medida pelo grau em que ela se presta a servir aos propósitos de um salteador, mas sim pela sua função real de estrada, como meio de transporte e de comunicação fácil e eficiente para o público. Desta forma também se há de entender com relação ao préstimo de uma ideia ou hipótese como medida de sua verdade.

Desviando-nos destes equívocos que são de certa forma superficiais, encontramos, penso, o principal obstáculo à aceitação desta noção de verdade numa herança provinda da tradição clássica, fundamente arraigada no espírito humano. Precisamente à medida que a existência é dividida em dois reinos, um superior do ser perfeito, e outro inferior da realidade aparente, fenomenal e deficiente, a verdade e a falsidade são pensadas como propriedades fixas, preestabelecidas e estáticas, das próprias coisas. A Realidade Suprema é o verdadeiro Ser; a Realidade inferior e imperfeita é o falso Ser. Pretende este último chegar a ser Realidade, mas não consegue concretizar suas pretensões. É enganador, fraudulento, intrinsecamente desmerecedor de confiança e de crédito. As crenças são falsas, não porque nos desencaminhem, não porque são modos errôneos de pensar; são falsas, porque admitem ou aderem a falsas existências ou subsistências. Outras noções são verídicas, porque de fato se relacionam com o verdadeiro Ser – com a plena e última Realidade. Tais noções se arraigam no mais íntimo do ser de quem quer que, embora de maneira indireta, tenha acolhido a tradição antiga e medieval. A concepção pragmática da verdade opõe-se radicalmente a esta maneira de pensar, e a impossibilidade de reconciliação ou acordo é, penso, a causa do choque provocado pela teoria mais recente.

Entretanto, neste contraste reside a importância da nova teoria, bem como a obstrução inconsciente à sua aceitação. A velha concepção conseguiu praticamente identificar a verdade com o dogma autoritário. Uma sociedade que estima a ordem acima de tudo, que considera o crescimento e a evolução como algo doloroso e a mudança como fator de discórdia, inevitavelmente procura um corpo fixo de verdades superiores, no qual possa apoiar-se. Olha para trás, para alguma coisa já existente como fonte e sanção de verdade. Recorre a algo que é antecedente, anterior e originário, por motivo de sua segurança. O pensamento que olha para frente, em direção ao eventual, cria desassossego e receio, e perturba o senso da quietude ligado às ideias de Verdade fixa já existentes. Coloca um pesado fardo de responsabilidade sobre nossos ombros, perante o trabalho de pesquisa, de perseverante observação, e em face do escrupuloso desenvolvimento de hipóteses e provas exaustivas. No domínio da física, os homens habituaram-se, pouco a pouco, a identificar, em todas as crenças específicas, a verdade com o verificado. Contudo, ainda hesitam em reconhecer aos resultados desta identificação e em extrair dela uma definição de verdade. Enquanto nominalmente se admite que as definições, em vez de serem inventadas no vácuo e impostas aos particulares, deveriam antes provir dos casos concretos e específicos, nota-se estranha má vontade em agir de acordo com esta regra quando se trata de definir a verdade. Divulgar a opinião de que verdadeiro é sinônimo de verificado e nada mais equivale a fazer que os homens arquem com a responsabilidade de renunciar a dogmas políticos e morais, bem como a submeter à prova das consequências de seus preconceitos mais queridos. Tal mudança implica grande alteração no princípio de autoridade, e nos métodos de decisão da sociedade. Alguns desses métodos, como primeiros frutos da nova lógica, serão considerados mais tarde.

[Capítulo VII]

A Reconstrução nas Concepções Morais

É, em geral, manifesto o choque provocado pela alteração dos métodos científicos de pensar sobre as ideias morais. Os bens e os fins multiplicam-se, as regras abrandam-se em princípios, e estes, por sua vez, transformam-se em métodos de compreensão. A teoria ética iniciou-se entre os Gregos, como tentativa de encontrar uma regra de conduta para a vida, regra essa que se apoiasse em base e propósito racional, em vez de se originar no costume. Contudo, a razão como substituto do costume sentiu-se na obrigação de subministrar objetivos e leis tão fixos quanto o haviam sido os baseados no costume. Desde então, a teoria ética tem-se mostrado sempre singularmente hipnotizada pela ideia de que lhe assiste a tarefa de descobrir algum fim ou bem supremo ou alguma lei suprema e última. Este é o elemento que serve de denominador comum às diversas teorias. Algumas teorias sustentaram que o fim é a lealdade ou obediência a um poder ou autoridade superior; e, por vários caminhos, encontraram este princípio superior na Vontade Divina, na vontade do governante secular, na manutenção de instituições que incorporam os intentos dos superiores, e na consciência racional do dever. Contudo, tais teorias entraram em divergência umas das outras, uma vez que só num ponto concordavam em admitir uma única e final fonte da lei. Outras doutrinas afirmaram ser impossível situar a moralidade na conformidade com o poder legislador, devendo ela ser antes procurada nos fins que são bons. E havia as que procuravam o bem na autoafirmação da personalidade, outras na santidade, outras na felicidade, outras enfim na maior soma possível de prazeres. No entanto, essas escolas concordavam todas em admitir que existe um só bem, fixo e supremo. Suas discussões e disputas só giravam em torno da premissa comum a todas.

Surge a questão de saber se o caminho para sair do conflito e da confusão não consiste em atacar a raiz do problema, submetendo a exame o elemento comum. A crença no único, no supremo e no último (quer concebido como bem, quer como lei autoritária) não será, acaso, um produto intelectual daquela organização feudal que historicamente está em vias de desaparecimento, e daquela crença num cosmos fechado ordenado, em que o estado de quietude supera o de movimento, crença essa que já desapareceu das ciências naturais? Repetidas vezes tem sido insinuado que a presente restrição da reconstrução intelectual se deve ao fato de ela não ter sido ainda seriamente aplicada às disciplinas morais e sociais. Mas não exigiria esta aplicação precisamente que avancemos em direção à crença numa pluralidade de bens e fins mutáveis, móveis e individualizados, à crença de que princípios, critérios e leis, não passam de instrumentos intelectuais para a análise de situações individuais ou únicas?

A afirmação bruta de cada situação moral ser uma situação única que possui seu bem insubstituível pode parecer não somente bruta, mas também absurda, uma vez que a tradição estabelecida ensina que é precisamente a irregularidade de casos especiais que torna necessária a orientação da conduta por princípios universais, e que a essência da disposição virtuosa se cifra na vontade de subordinar todo caso particular ao veredicto de um princípio fixo. Seguir-se-ia então que a sujeição de um fim genérico ou lei genérica à determinação, por parte da situação concreta, envolve completa confusão e desenfreada libertinagem. Obedeçamos, contudo, à regra pragmática, e, no intuito de descobrir o significado da ideia, indaguemos suas consequências. Verifica-se então com surpresa que a significação primária de se dar caráter único e moralmente último à situação concreta é a de transferir para a inteligência o peso e a carga da moralidade. A responsabilidade não destrói tal ideia, simplesmente a localiza. A situação moral é aquela em que juízo e escolha necessariamente antecedem a ação. O significado prático da situação precisa ser procurado – ou seja, a ação necessária para satisfazê-la não é evidente em si. Há desejos em conflito e bens alternativamente aparentes. O necessário é encontrar o reto curso da ação, acertar com o bem exato. Daí, a exigência de pesquisa, da observação minuciosa dos pormenores da situação, da análise de seus diversos fatores, do esclarecimento do que é obscuro; a necessidade de não levar em conta excessiva os traços mais insistentes e expressivos, de descobrir as consequências dos vários modos de ação que se apresentam, de considerar a conclusão obtida como hipotética e experimental até que as consequências antecipadas ou supostas, que levaram a adotá-la, se ajustem às consequências reais. Esta pesquisa não é outra coisa senão inteligência. Nossas falhas morais reportam-se a alguma fraqueza ingênita, a alguma ausência do senso de humanidade, a alguma tendência unilateral que nos induz a emitir, com negligência ou malevolência, juízos sobre os fatos concretos. A franca simpatia, a sensibilidade sutil, a persistência em face do desagradável, o equilíbrio de interesses que nos torna aptos a empreender a obra de análise e a tomar uma decisão inteligente, são os traços caracteristicamente morais, as virtudes ou qualidades morais.

Vale a pena notar uma vez mais que a questão básica é, em última instância, a mesma, e não outra, que a já examinada no domínio da pesquisa física. Também ali se afigurou durante muito tempo que a certeza e demonstração racional só poderia ser alcançada partindo de conceitos universais e subordinando a estes os casos particulares. Os homens que iniciaram os métodos de pesquisa agora adotados em toda parte, foram denunciados como subversores da verdade e inimigos da ciência. Se triunfaram, isso aconteceu porque, como já salientei, o método dos universais apenas confirmava preconceitos e sancionava ideias que, embora geralmente aceitas, não contavam com provas nem evidência; ao passo que os novos métodos, atribuindo valor inicial e final aos casos individuais, estimularam a acurada pesquisa dos fatos e o exame não menos acurado dos princípios. No final, a perda das verdades eternas foi compensada pelo acesso aos fatos quotidianos. A perda do sistema de definições e classes universais e fixas foi mais que suprida pelo crescente sistema de hipóteses e leis usadas na classificação dos fatos. Portanto, no fim de contas, apenas estamos pleiteando a adoção, no campo da reflexão moral, da lógica que comprovadamente produziu segurança, rigor e fecundidade, em seus juízos sobre os fenômenos físicos. E a razão é a mesma. O velho método, a despeito de seu culto nominal e estético pela razão, desalentara a razão, por ter criado embaraços à operação da pesquisa escrupulosa e perseverante.

Mais categoricamente, a transferência da carga da vida moral, do processo de seguir determinadas regras ou de tender para a consecução de certos fins fixos, para o processo da descoberta dos males que necessitam de remédio num caso especial e da formação de planos e métodos destinados a curá-los, elimina as causas que mantiveram a teoria moral sempre sujeita a controvérsias, e que também a conservaram distante do contato proveitoso com as exigências da prática. A teoria dos fins fixos conduz inevitavelmente o pensamento ao atoleiro das disputas que não podem ser apaziguadas. Se existe um *summum bonum*, um fim supremo, que é ele? Considerar-se que este problema se equivale a situar-nos no centro de controvérsias, hoje tão abstrusas como o foram dois mil anos atrás. Tomemos, por suposição, um ponto de vista aparentemente mais empírico, e digamos que, não existindo um só fim, também não existem tantos fins quantas são as situações específicas que demandam melhoria; mas, há, sem dúvida, número apreciável de bens naturais, tais como a saúde, a riqueza, a honra ou a reputação ilibada, a amizade, a apreciação estética, o saber, além, de bens morais, como a justiça, a temperança, a benevolência, etc. A quem, ou a que coisa, cabe autoridade para decidir qual o caminho a seguir, quando esses fins entram em conflito uns com os outros, como certamente acontece? Deveremos recorrer à casuística, a esse método que outrora lançou o descrédito sobre toda a tarefa da ética? Ou apelaremos para o método, que Bentham com tanta propriedade denominou o método do *ipse dixit*: a preferência arbitrária desta ou daquela pessoa por este ou por aquele fim? Ou seremos forçados a alinhar todos os fins em ordem, começando pelo mais elevado e terminando pelo menos precioso? Uma vez mais, encontramo-nos no meio de discussões irreconciliáveis, sem maneira de sair delas.

E, enquanto isso, continuarão obscuras as dificuldades especificamente morais, cuja solução requer o auxílio da inteligência.

Não nos é possível conseguir a saúde, a riqueza, o saber, a justiça ou a bondade em geral. A ação é sempre algo de específico, de concreto, de individualizado, de único. Consequentemente, os juízos, como atos a serem executados, devem ser igualmente específicos. Dizer que um homem procura a saúde ou a justiça, equivale a dizer que ele procura viver com saúde ou de acordo com a justiça. Essas coisas, exatamente como a verdade, participam da natureza do advérbio: modificam a ação em casos especiais. A maneira de viver com saúde ou de acordo com a justiça difere de pessoa para pessoa, varia em conformidade com as experiências passadas de cada qual, com as oportunidades, com as fraquezas e os talentos temperamentais ou adquiridos. Não é o homem em geral, senão um indivíduo particular que, sofrendo de alguma incapacidade particular, anseia por viver com saúde e, por conseguinte, a saúde não pode significar para ele exatamente o que significa para qualquer outro mortal. Uma vida com saúde não é algo que possa ser conseguido por si mesmo, à parte de outras maneiras de viver. O homem necessita de ser sadio em sua vida, não à margem desta. Que significa a vida senão o agregado das aspirações e atividades de cada um de nós? O homem que aspira à saúde, como a fim distinto, torna-se valetudinário, ou fanático, ou executante mecânico de exercícios, ou atleta a tal ponto unilateral, que a ânsia de desenvolvimento físico lhe traz prejuízos ao coração. Quando o esforço em realizar um chamado fim não dá colorido às demais atividades, a vida por assim dizer desagrega-se, fragmenta-se. Certos atos e períodos de tempo são por nós dedicados ao cuidado da saúde, outros à prática da religião, outros à instrução, à cultura cívica ou artística, e assim por diante. Esta é a única alternativa lógica à subordinação de todos os fins a um único, subordinação essa que outra coisa não é senão fanatismo. O fanatismo está fora dos hábitos do tempo presente, mas quem poderá dizer quanta distração e dissipação na vida, quanta rigidez estreita e intolerante redunda do fato de os homens não compreenderem que cada situação tem seu fim peculiar e único pelo qual a personalidade inteira se deve interessar? Uma vez mais, é inegável que o homem necessita de viver com saúde, mas este resultado por tal forma afeta todas as atividades de sua vida, que não lhe será possível isolá-lo como um bem separado e independente.

Não obstante, as noções gerais sobre saúde, enfermidade, justiça e cultura artística são de grande importância, não, todavia, porque este ou aquele caso possa ser exaustivamente incluído entre os de determinada ordem, não tendo em conta seus traços específicos, mas sim porque a ciência generalizada apetrecha um homem, como médico, artista e cidadão, de questões que ele se deve propor, de investigações que lhe cabe fazer, habilitando-o a compreender o significado daquilo que vê. À medida exata que um médico é perito no desempenho de seu trabalho, nessa medida ele usa a sua ciência, não importando até que ponto é extensa ou exata, a fim de se munir de meios de investigação dos casos individuais, e de métodos que lhe facultem prever o método aplicável a esse caso. No exato grau em que, a despeito da profundeza de seu saber, enquadre o caso individual de alguma classe de doenças e o subordine a alguma regra genérica de tratamento, ele baixa ao nível da rotina mecânica. Sua inteligência e ação tornam-se rígidas, dogmáticas, em vez de livres e flexíveis.

Os bens e os fins morais existem somente quando se tiver de fazer alguma coisa, pois o fato de alguma coisa haver de ser feita prova que, na situação atual, existem deficiências e males. Este é um mal específico, diferente de todos os outros, que nunca é traslado exato de qualquer outra coisa. Por conseguinte, o bem inerente a uma situação precisa de ser descoberto, posto em realce e conquistado, à base dos defeitos e falhas que devem ser corrigidos. Não pode evidentemente ser imposto à situação. Contudo, é de bom senso comparar os diferentes casos, reunir os males que afligem a humanidade e agrupar os bens correspondentes em classes gerais. Saúde, riqueza, diligência, temperança, afabilidade, cortesia, saber, capacidade estética, denodo, paciência, espírito de iniciativa, perfeição e uma infinidade de outros fins genéricos são reconhecidos como bens. Mas o valor desta generalização é intelectual ou analítico. As classificações sugerem possíveis traços característicos, devendo o pesquisador estar atento a eles quando estuda algum caso particular; sugerem métodos de ação que devem ser ensaiados na remoção das pressupostas causas do mal. São instrumentos de visão, e seu valor estriba no concurso que prestam para que seja dada uma resposta individualizada a uma situação individual.

A moral não é catálogo de atos, nem conjunto de regras que devam ser aplicadas como prescrições farmacêuticas ou receitas culinárias. A moral precisa é aquela de métodos específicos de pesquisa e de planejamento: métodos de pesquisa para localizar as dificuldades e os males; métodos de planejamento que delineiem planos a serem usados como hipóteses de trabalho no trato com as dificuldades e os males. E a importância pragmática da lógica das situações individualizadas, cada qual possuidora de seu bem e princípio insubstituível, é a de transferir a atenção, dedicada teoria, da preocupação com conceitos gerais para o problema de desenvolver métodos eficientes de pesquisa.

Duas consequências éticas de suma importância devem ser focalizadas. A crença em valores fixos provocou a divisão dos fins em intrínsecos e instrumentais: fins que têm valor em si mesmos, e fins que só possuem valor enquanto meios para alcançar bens intrínsecos. Realmente, muitas vezes se tem pensado que esta distinção dos fins é o verdadeiro princípio da sabedoria, do discernimento moral. Do ponto de vista da dialética, tal distinção é deveras interessante e, aparentemente, inócua. Mas, na prática, reveste-se de sentido trágico. Historicamente, ela tem sido a fonte e a justificativa de uma diferença rígida, inexorável, entre bens ideais de um lado e bens materiais do outro. Nos tempos presentes, as pessoas que gostariam de ser qualificadas de liberais concebem os bens intrínsecos como estéticos por natureza, mais do que exclusivamente religiosos ou intelectualmente contemplativos. Porém, o resultado é o mesmo. Os chamados bens intrínsecos, religiosos ou estéticos, distanciam-se dos interesses da vida cotidiana que, por serem constantes e prementes, constituem a preocupação das multidões. Aristóteles fez uso desta distinção para proclamar que os escravos e a classe operária, posto que indispensáveis para o Estado e para a comunidade, não são partes integrantes deste. Tudo que seja considerado de valor meramente instrumental aproxima-se do trabalho servil, não merecendo consideração intelectual, artística ou moral, nem respeito. Do mesmo modo se torna indigno tudo o que seja pensado como destituído intrinsecamente de valor. Assim, os homens, dedicados a interesses "ideais", via de regra, escolheram o caminho da incúria e da evasão. A urgência e a premência dos fins "inferiores" têm sido disfarçadas por convenções corteses. Quando não, tais fins têm sido relegados para uma classe social mais baixa, a fim de uma reduzida minoria poder aplicar-se aos bens que têm valor real ou intrínseco. Este afastamento, efetuado em nome de fins mais elevados deixou, para o grosso da humanidade e, em particular, para as pessoas dinâmicas e "práticas", o completo controle das atividades mais baixas.

Não há possibilidade de avaliar até que extremo o materialismo revoltante e a brutalidade de nossa vida econômica sejam devidos ao fato de os fins econômicos terem sido considerados como meramente instrumentais. Quando tais fins forem tidos como intrínsecos e supremos em sua categoria, como quaisquer outros, verificar-se-á então que são capazes de ser idealizados e que, se de fato a vida vale a pena ser vivida, deverão adquirir valor ideal e intrínseco. Fins estéticos, religiosos e outros mais, considerados "ideais", são, agora, frágeis e insignificantes, quando não fúteis e ociosos, pelo fato de estarem divorciados dos fins "instrumentais" ou econômicos. Só quando em conexão com estes últimos, eles poderão ser tecidos na trama da vida cotidiana e investidos de valor substancial e universal. A vaidade e irresponsabilidade de valores puramente finais, e que, deste modo, em nada concorrem para o enriquecimento de outras ocupações da vida, deviam ser coisas notórias. Entanto, no momento presente, os letrados, especialistas, estetas e fanáticos em matéria religiosa, e socialmente isolados e socialmente irresponsáveis, encontram asilo, conforto e apoio na doutrina dos fins "superiores", doutrina essa que os põe ao abrigo de sua própria crítica e da crítica dos outros. A deficiência moral, que se manifesta no desempenho da vocação de cada qual, transforma-se em causa de admiração e de congratulação.

A segunda mudança fundamental consiste em abandonar, de uma vez para sempre, a tradicional distinção entre bens morais, e bens naturais como a saúde, a estabilidade econômica, a arte, a ciência, etc. Não é a única posição que defendemos, que deplora tão rígida distinção e se empenha em aboli-la. Algumas escolas têm ido tão longe que chegaram a considerar as qualidades morais, as qualidades de caráter, como valores, só porque fomentam os bens naturais. Mas a lógica experimental, quando aplicada ao domínio da moral, considera boas as qualidades, à medida que contribuem para melhorar os males existentes. Esse procedimento reforça o sentido moral da ciência natural. A verdade é que, depois de tudo, se dizer e fazer na crítica das deficiências sociais do mundo contemporâneo, talvez se possa com toda razão verificar que a dificuldade básica repousa afinal na separação que se faz entre ciência natural de um lado e ciência moral de outro. Quando a física, a química, a biologia, a medicina, contribuem para a descoberta dos sofrimentos humanos, reais e concretos, bem como para aperfeiçoar os planos destinados a remediá-los e a melhorar a condição humana, tais ciências se fazem morais: passam a constituir parte integrante do aparelhamento da pesquisa ou da ciência moral. Esta perde então seu peculiar sabor didático e pedante, seu tom ultramoralístico e exortativo. Perde também sua agudeza, sutileza e vaporosidade; em compensação, lucra em funções verdadeiramente eficientes. Esse lucro, porém, não se circunscreve apenas ao domínio da ciência moral, pois a ciência natural também deixa de existir em divórcio com a humanidade, fazendo-se também ela humana no sentido integral do termo. Já não é alguma coisa que se deva cultivar somente como uma técnica especializada, mediante a qual se apure a verdade em si mesma, mas sim com a convicção de sua importância social e de sua indispensável serventia intelectual. É ciência técnica, mas só no sentido de que fornece a técnica da engenharia social e moral da humanidade.

Quando a consciência da ciência estiver plenamente impregnada da consciência do valor humano, será destruído o maior dualismo que presentemente pesa sobre a humanidade, e lhe impede a marcha, ou seja, o abismo que medeia entre o material, o mecânico e o científico, de um lado, e o moral e o ideal, do outro lado. As forças humanas, que presentemente se mostram oscilantes e indecisas, em consequência desta divisão, serão unificadas e reforçadas. Enquanto os fins não forem tidos como individualizados, de acordo com necessidades e oportunidades específicas, o espírito contentar-se-á com abstrações, mas faltará o estímulo adequado ao uso moral e social da ciência natural e dos dados históricos. Porém, quando a atenção se aplica à diversidade das coisas concretas, não há como não se socorrer dos materiais intelectuais indispensáveis para esclarecer os casos particulares. Ao mesmo tempo em que a moral passa a ficar centrada na inteligência, tudo quanto seja intelectual passa também a ser moral, terminando, dessa forma, o enfadonho e ruinoso conflito entre o naturalismo e o humanismo.

Estas considerações gerais podem ser ampliadas. Em primeiro lugar, a pesquisa e a descoberta passam a ocupar, dentro da moral, o mesmo lugar que vieram a ter nas ciências da natureza. A validade e a demonstração assumem caráter experimental aferindo-se o seu acerto pelas consequências. A razão, que tem sido sempre na moral um termo honorífico, assume função prática e efetiva-se nos métodos pelos quais as necessidades e condições, os obstáculos e os recursos das situações são minuciosamente examinados, e se elaboram planos inteligentes para seu melhoramento. As generalidades abstratas e remotas estimulam os pulos às conclusões, às "antecipações da natureza", e então as consequências maléficas das decisões incorretas são deploradas e levadas à conta da "natural" perversidade humana ou de um destino adverso. Mas a deslocação do problema para a análise das situações específicas torna obrigatória a pesquisa e força a observação atenta das consequências. Não é lícito apelar eternamente para decisões pretéritas nem para velhos princípios, no intuito de justificar um curso de ação. Nenhuma dose de sofrimento por que se tenha passado, ao formular um propósito frente a um caso definido, pode dar-lhe caráter final: é indispensável notar, com sumo cuidado, as consequências resultantes da sua adoção, sendo que um propósito nada mais é do que hipótese de trabalho até que sua justeza seja confirmada pelos resultados. Os erros não mais são acidentes inevitáveis que se deploram, nem faltas morais que devam ser expiadas ou esquecidas; mas lições para a correção de métodos errôneos de aplicar a inteligência e instruções para um melhor comportamento futuro. São sinais indicativos da necessidade que se impõe de revisão, de desenvolvimento, de reajustamento. Os fins se engrandecem, os padrões de julgamento se aperfeiçoam. O homem sente-se tão obrigado a desenvolver seus padrões e ideais como a se servir conscienciosamente daqueles que já possui. Consequentemente, a vida moral ganha proteção contra o formalismo e a rígida repetição, e se faz, por essa forma, flexível, vital, ascendente.

Em segundo lugar, requerer ação moral torna-se moralmente tão importante e urgente como qualquer outra coisa. Se as necessidades e deficiências de uma situação específica indicam a melhoria de saúde como um fim e um bem, então a saúde será, para essa situação, o último e supremo bem: não é simples meio, é valor final e intrínseco. O mesmo se diga da melhoria de condições econômicas, do ganha-pão, da administração dos negócios, da satisfação dos encargos de família – de tudo que, sob a égide de fins fixos, tem sido reduzido à categoria de valor secundário e meramente instrumental, e não considerado relativamente vil e insignificante. Tudo aquilo que é, numa dada situação, um fim e um bem, possui valor, categoria e dignidade igual à de qualquer outro bem de qualquer outra situação, e merece que se lhe aplique a mesma atenção inteligente.

Focalizemos, em terceiro lugar, o efeito de se destruírem, com o novo método, as raízes do Farisaísmo. Estamos tão habituados a julgá-lo como deliberada hipocrisia, que passamos por alto sobre as suas premissas intelectuais. A concepção, segundo a qual se deve procurar o fim da ação dentro das circunstâncias da situação real, não terá a mesma bitola de julgamento em todos os casos. Quando um fator da situação seja uma pessoa de espírito adestrado e de vastos recursos, muito mais há que esperar dela do que de uma pessoa de mentalidade retrógrada e de experiência limitada. É mais que notório o absurdo de aplicar aos povos selvagens o mesmo padrão de juízo moral que se aplica aos povos civilizados. Nenhum indivíduo ou grupo deverá ser julgado pelo fato de haver chegado a um resultado fixo, ou, ao invés, por haver sido frustrado nesse intuito, mas sim pelo rumo que imprime à sua ação. O homem mau é aquele que está começando a degenerar, a tornar-se pior, pouco importando que tenha sido bom anteriormente. O homem bom é aquele que se está tornando melhor, pouco importando que, do ponto de vista moral, tenha sido ignóbil. Tal concepção faz com que nos tornemos mais severos ao julgarmos a nós mesmos, e humanos ao julgarmos os outros, e exclui aquela arrogância que sempre acompanha juízos baseados no grau de aproximação a fins fixos.

Em quarto lugar, o importante é, não o efeito ou resultado estático, mas sim o processo de crescimento, de aperfeiçoamento e de progresso. O fim e o bem, não é a saúde em si, como alvo fixo definitivamente, mas sim a melhoria necessária de saúde – um processo contínuo. O fim não é mais um término ou limite a ser alcançado, é, sim, o processo ativo de transformar a presente situação. Na vida, o fim não é a perfeição como alvo final, mas sim o perene processo de aperfeiçoamento, de amadurecimento, de purificação. A honestidade, a laboriosidade, a temperança, a justiça, como a saúde, a riqueza e o saber, não são bens para serem possuídos, como o seriam se expressassem bens fixos a serem atingidos. São direções de mudança na qualidade da experiência. O crescimento, em si mesmo, é o único "fim" moral.

Embora o sentido desta ideia em relação ao problema do mal e à controvérsia entre otimismo e pessimismo seja muito vasto para ser discutido aqui, vale a pena abordá-lo superficialmente. O problema do mal cessa de ser teológico e metafísico, para ser compreendido corno o problema prático de reduzir, aliviar, até onde seja possível, os males da vida. A filosofia não está mais na obrigação de desencantar métodos engenhosos para provar que os males são apenas aparentes, e não reais, ou de arquitetar argumentos que satisfatoriamente os expliquem, ou, pior do que isso, os justifiquem. Impende sobre ela uma nova obrigação: a de contribuir, sequer de modo humilde, com métodos que nos ajudem a descobrir as causas dos males da humanidade. O pessimismo é doutrina paralisante. Ao declarar que o mundo é todo mal, tornam-se fúteis os esforços para a descoberta das causas remediáveis dos males específicos e, consequentemente, destrói pela raiz as tentativas tendentes a tornar o mundo melhor e mais feliz. O otimismo total que tem sido ensaiado como meio de fazer desaparecer o mal, também é, por outro lado, uma alucinação.

Afinal, o otimismo, que proclame este mundo como sendo o melhor dos mundos possíveis, pode muito bem ser interpretado com o mais cínico dos pessimismos. Sendo o nosso mundo o melhor possível, como seria um mundo que fosse fundamentalmente mau? O melhorismo é a crença de que as condições específicas existentes em determinado momento, sejam elas relativamente más ou boas, podem ser, em qualquer hipótese, melhoradas. Essa crença estimula a inteligência a estudar não só os meios positivos do bem, como os obstáculos à sua realização, e a despender esforços em prol do aperfeiçoamento das condições e, em oposição ao otimismo, desperta a confiança e uma esperança razoável. O otimismo, proclamando que o bem já está em essência na realidade última, tende a fazer com que reconheçamos os males concretos e realmente existentes, tornando-se rapidamente o credo dos que vivem uma vida amena e confortável, daqueles que tem sido bem-sucedidos quanto às recompensas deste mundo. É incrível a rapidez com que tal otimismo torna os homens que o professam, endurecidos e cegos aos sofrimentos dos menos afortunados, ou dispostos a atribuírem a causa dos sofrimentos de seus semelhantes aos defeitos destes últimos. Tudo isso coopera com o pessimismo, a despeito das diferenças na realidade nominais existentes entre um e outro, amortecendo a visão generosa, a capacidade de simpatia e o esforço inteligente no sentido da melhora ou da reforma. Com isso, o otimismo afasta os homens do mundo da realidade e da mudança, para os lançar em um mundo onde impera a calma do absoluto e do eterno.

A significação de muitas destas mudanças na atitude moral evidencia-se na ideia de felicidade. A felicidade tem sido, com relativa frequência, objeto de desprezo por parte dos moralistas. Contudo os moralistas mais ascéticos têm, via de regra, restaurado a ideia de felicidade sob outros nomes, por exemplo, o de bem-aventurança. Bondade sem felicidade, valor e virtude sem satisfação, fins sem prazer consciente são coisas tão intoleráveis na prática, como autocontraditórias na mente. Mas, por outro lado, a felicidade não é uma simples posse nem conquista fixa. Tal felicidade seria, ou o egoísmo indigno, tão severamente condenado pelos moralistas, ou, mesmo sob o rótulo de bem-aventurança, tédio insípido, um milênio de descanso em pagamento a todas as lutas e trabalhos, capaz de satisfazer a mais mimada das criaturas. A felicidade só se encontra no sucesso, mas sucesso é suceder, significa movimento para frente, progressão. É processo ativo, não resultado passivo, processo que inclui a superação de obstáculos, a eliminação das fontes de defeitos e males. Sensibilidade e prazer estéticos são poderosos fatores de uma felicidade digna de ser vivida; mas gozo estético, quando completamente separado do que seja renovação do espírito, recriação da mente e purificação das emoções, não passa de algo débil e doentio destinado a desaparecer depressa por inanição. O fato de esta renovação e recriação se efetuarem inconscientemente, e não a mercê de qualquer intenção deliberada, ainda lhes conferirá maior autenticidade e pureza.

Em resumo, cabe ao utilitarismo o mérito principal de haver propiciado a transição da teoria clássica dos fins e dos bens absolutos para a teoria que hoje se afigura possível. Portanto, o utilitarismo lutou por libertar-se das vagas generalidades, e em se curar do que é específico e concreto. Subordinou as leis às realizações humanas, em vez de subordinar a humanidade a leis externas. Ensinou que as instituições existem para o homem e não o homem para as instituições; estimulou ativamente todos os expedientes de reforma. Tornou naturais os bens morais, à semelhança dos bens naturais da vida. Impugnou a moralidade sobrenatural e ultraterrena. Acima de tudo, aclimatou a imaginação à ideia do bem-estar social como prova suprema de validade moral. Mas nem por isto deixou de ser profundamente influenciado, em pontos fundamentais, pelos velhos modos de pensar. Nunca pôs em dúvida a ideia de um fim supremo, final e fixo; apenas questionou, impugnou as noções correntes sobre a natureza desse fim; e, em seguida, elevou o prazer, e a maior soma possível de prazeres, à categoria de fim fixo.

Tal ponto de vista trata as atividades concretas e os interesses específicos, não como revestidos de valor em si mesmos, ou como fatores integrantes de felicidade, mas como meios externos de produzir prazeres. Foi fácil aos defensores da velha tradição acusar o utilitarismo de haver convertido não só a virtude, mas também a arte, a poesia, a religião e o Estado, em meros instrumentos servis para se conseguirem prazeres sensíveis. Uma vez que o prazer era uma realização, um resultado, dotado de valor próprio independentemente dos processos ativos, impunha-se a conclusão de que a felicidade seria um bem a ser possuído e mantido indefinidamente. Exageraram-se os instintos aquisitivos do homem a expensas dos criativos, e à ação produtiva foi atribuída importância, não em razão do valor intrínseco de seu poder inventivo e reformador do mundo, mas sim porque seus resultados fomentam o prazer. Como toda teoria que estabelece fins fixos e supremos, o utilitarismo, transformando o fim em algo de passivo capaz de ser objeto de posse, simultaneamente fez de todas as operações ativas meros instrumentos. O trabalho passou a ser um mal inevitável que devia ser suavizado. Na prática, a segurança no usufruto dos bens ficou sendo o principal objetivo, ao mesmo tempo em que o conforto e a comodidade material se exaltaram, em contraste com as penas e os riscos da criação e da experiência.

Estas deficiências, sob certas condições concebíveis, poderiam ter permanecido apenas no domínio da teoria. Mas a propensão da época, bem como os interesses dos que batalhavam pelas ideias utilitaristas, conferiram-lhes o poder de prejudicar a sociedade. A despeito da eficácia das novas ideias em atacar os velhos abusos sociais, havia nessa doutrinação elementos que operavam ou favoreciam a autorização de novos abusos sociais. O zelo reformista ficou patente na crítica aos males herdados do sistema feudal de classes, males de natureza econômica, jurídica e política. Mas a nova ordem econômica do capitalismo, que substituiu o feudalismo, carreou consigo seus próprios males sociais e o utilitarismo propendeu para acobertar ou defender alguns desses males. O relevo atribuído à aquisição e posse de prazeres tomou caráter sinistro, em conexão com a desmedida ânsia contemporânea de riqueza, e dos prazeres que essa riqueza torna possíveis.

Se for verdade que o utilitarismo não fomentou de modo ativo o novo materialismo econômico, também será verdade que ele não possui os meios de combatê-lo. Sua tendência geral para subordinar a atividade produtiva ao produto em si favoreceu indiretamente a causa de um comercialismo crasso. O utilitarismo, empenhado numa finalidade eminentemente social, estimulou novo interesse de classe, o da propriedade privada capitalista, contanto que a propriedade fosse obtida mediante a livre competição e não por favores governamentais. A ênfase que Bentham emprestara à segurança concorreu para consagrar a instituição legal da propriedade privada, com a condição de serem abolidos apenas certos abusos legais ligados à sua aquisição e transferência. *Beati possidentes* – felizes os possuidores – contanto que as riquezas fossem obtidas de acordo com as leis da competição, isto é, sem favores estranhos por parte do governo. Por esta forma, o utilitarismo conferiu base intelectual a todas as tendências que fazem do "negócio", não um meio de promover os serviços sociais ou uma oportunidade para o desenvolvimento dos poderes inventivos pessoais, mas sim um modo de acumular os instrumentos do prazer individual. A ética utilitarista subministra, assim, um exemplo frisante da necessidade de reconstrução filosófica, que estas conferências têm apresentado. Até certo ponto, ela refletiu o sentido da mentalidade e das aspirações contemporâneas. Mas estava ainda muito aferrada às ideias fundamentais daquela mesma ordem que julgava ter superado: a ideia de um fim único e fixo, situado além das múltiplas necessidades e atos humanos, tornou o utilitarismo incapaz de representar, com propriedade, o espírito moderno. Ele precisa ser reconstruído, a fim de que se emancipe de seus elementos herdados.

Se nos propomos a acrescentar algumas palavras sobre o tema da educação, será apenas para sugerir que o processo educativo faça uma só coisa com o processo moral, uma vez que este último é a passagem contínua da experiência do pior para a do melhor. A educação vem sendo tradicionalmente concebida como preparação: como aprendizado, aquisição de certos conhecimentos, que mais tarde serão úteis. O fim é remoto, e a educação não passa de preparativo, de preliminar a alguma coisa mais importante que mais tarde deve acontecer. A infância é apenas estágio preparatório para a vida adulta, e a vida adulta, por seu turno, é estágio preparatório para uma outra vida. Sempre o futuro, nunca o presente, tem sido o ponto importante em educação: aquisição de conhecimentos e habilidade para uso e prazer futuros; formação de hábitos que mais tarde serão necessários na vida de negócios, na vida civil e nos estudos científicos. Pensa-se que a educação é, também, alguma coisa de que necessitam certos seres humanos só em razão de sua dependência de outros. Todos nascemos ignorantes, inexperientes, inábeis, imaturos, e consequentemente num estado de dependência social. A instrução, o treino, a disciplina moral, são processos, pelos quais os amadurecidos, os adultos, gradualmente elevam os desamparados até o ponto de poderem conduzir-se na vida por si mesmos. A função da infância é a de ir-se desenvolvendo até à independência da idade adulta, a mercê do auxílio daqueles que já a tenham adquirido. Dessa forma, o processo educativo, como a principal tarefa da vida, termina quando o jovem se emancipa da dependência social.

Estas duas ideias, geralmente aceitas e raramente justificadas explicitamente pela razão, contrapõem-se à noção do crescimento, ou a contínua reconstrução da experiência, ser o único fim da vida. Em qualquer período uma pessoa estará em processo de crescimento, isso quer dizer que a educação, salvo como fator acessório, não é preparação para alguma coisa que venha mais tarde. Educar é extrair do presente o grau e a espécie de crescimento que este encerra em si. É, independente da idade, uma função constante. O melhor que se pode dizer a propósito de qualquer processo especial de educação, como o do período escolar formal, é que ele habilita o sujeito a receber educação ulterior: torna-o mais sensível às condições de crescimento e mais apto para delas tirar vantagem. Aquisição de perícia, posse de conhecimentos, conquista de cultura, não são fins: são sinais de crescimento e meios para a sua continuação.

O contraste, habitualmente admitido, entre o período de educação como período de dependência social, e o de maturidade como período de independência social, produz efeitos maléficos. Não nos cansamos de repetir que o homem é animal social; entanto, restringimos o significado desta afirmação à esfera em que a sociabilidade se afigura usualmente menos evidente, a esfera política. O ponto central da sociabilidade do homem está na educação. A ideia de educação como preparação, e a da vida adulta como limite fixo de crescimento são dois aspectos da mesma inverdade obnóxia. Se a tarefa moral do adulto, bem como a do jovem, é experiência crescente e progressiva, a instrução que procede das dependências e interdependências sociais é tão importante para o adulto quanto para a criança. Independência moral, para o adulto, significa parada no crescimento, e isolamento significa petrificação. Costumamos exagerar a dependência intelectual da infância, de modo que as crianças são demasiadamente mantidas em submissão forçada, e exageramos igualmente a independência da vida adulta em relação aos contatos e comunicação entre os homens. Quando o processo moral se identificar com o processo de crescimento específico, a educação mais consciente e formal da infância revelar-se-á como sendo o mais econômico e eficiente meio de progresso e reorganização social; tornar-se-á, ao mesmo tempo, evidente que a prova do valor de todas as instituições da vida adulta é a eficácia delas para favorecer uma educação contínua. Governo, comércio, indústria, religião, todas as instituições sociais têm um significado, um propósito, e esse propósito não é outro senão o de liberar e desenvolver as capacidades dos indivíduos humanos, sem preconceitos de raça, sexo, classe ou situação econômica. Tudo isso equivale a afirmar que a prova do valor de suas funções é a extensão em que essas instituições educam cada indivíduo à altura plena de suas possibilidades. O termo "democracia" comporta múltiplas significações. Mas, se possui significado moral, este se encontra na explicação de que a prova suprema de todas as instituições políticas e organizações industriais será a contribuição que prestarem ao crescimento global de cada membro da sociedade.

[Capítulo VIII]

Efeitos da Reconstrução na Filosofia Social

Como pode a mudança efetuada na filosofia influir seriamente na filosofia social? Se levarmos em conta os fundamentos, parece que todas as opiniões e combinações possíveis já foram formuladas. A sociedade é composta de indivíduos – esse fato óbvio e básico nenhuma filosofia, quaisquer que sejam suas pretensões, pode alterar ou pôr em dúvida. Por conseguinte, seguem-se três alternativas: A sociedade deve existir para o bem dos indivíduos; ou os indivíduos devem ter seus fins e modos de viver estabelecidos pela sociedade; ou então a sociedade e os indivíduos são entre si correlativos, orgânicos – cabendo à sociedade exigir o serviço e a subordinação dos indivíduos e, ao mesmo tempo, existindo para servi-los. Além destas três perspectivas, nenhuma outra se afigura logicamente concebível. Além disso, embora cada um destes três tipos inclua muitas subespécies e variações, mesmo assim as mudanças parecem tão perfeitamente dispostas que, ao sumo, só serão possíveis variações mínimas.

De modo especial, parece ser verdade que a concepção "orgânica" satisfaz a todas as objeções movidas contra as teorias extremamente individualistas e extremamente socialistas, evitando os erros em que incidiram tanto Platão como Bentham. Precisamente por ser a sociedade composta de indivíduos, parece que devem ser de igual importância os indivíduos e as relações associativas que os mantêm unidos. Sem indivíduos fortes e competentes, os vínculos e laços que formam a sociedade nada teriam que prender. Os indivíduos retirados das associações em que mutuamente se encontram ficam isolados uns dos outros, debilitam-se, fenecem; ou opõem-se uns aos outros, e nesse caso seus conflitos prejudicam o desenvolvimento individual. Lei, Estado, Igreja, família, amizade, associação industrial e outras instituições e organizações são necessárias para que os indivíduos possam crescer e encontrar suas capacidades e funções específicas. Sem o auxílio e apoio de tais instituições, a vida humana, como o disse Hobbes, é estúpida, solitária e aviltante.

Afirmando que estas várias teorias sofrem de um defeito comum, penetramos no âmago da questão. Todas elas se prendem à lógica de conceitos gerais, sob a qual devem surgir situações específicas. Ora, o que precisamos é derramar luz sobre este ou aquele grupo de indivíduos, sobre este ou aquele ser concreto, sobre esta ou aquela instituição ou organização social. Para tal lógica de pesquisa, a lógica tradicionalmente aceita substitui a discussão do significado dos conceitos e a relação dialética entre si. A discussão processa-se em termos de Estado, de indivíduo; em termos da natureza das instituições, enquanto tais, e da sociedade em geral.

Precisamos de orientação, ao enfrentar certas dificuldades da vida doméstica, e deparamos com dissertações sobre a Família, ou com afirmações categóricas sobre a santidade da Personalidade humana. Necessitamos conhecer o valor da instituição da propriedade privada, bem como a maneira de ela funcionar em dadas condições de tempo e espaço definido. Deparamo-nos com a resposta de Proudhon, de que a propriedade é geralmente um roubo; ou a de Hegel, segundo a qual a realização da vontade é o objetivo de todas as instituições, e a propriedade privada como expressão de domínio da personalidade sobre a natureza física é elemento imprescindível para tal realização. Ambas as respostas oferecem certo caráter sugestivo em conexão com situações específicas. Mas as concepções não são oferecidas pelo valor que podem comportar em conexão com fenômenos históricos especiais. São respostas gerais, pretensamente dotadas de significado universal que dominam e acobertam todos os casos particulares. Daí que, em vez de auxiliarem a pesquisa, a obstruem. Não são meios auxiliares que devam ser empregados e testados para esclarecer dificuldades sociais concretas, são princípios já formados para serem impostos aos casos particulares, com o fim de lhes determinar a natureza. Falam-nos sobre o Estado, quando o que desejamos é saber sobre algum Estado. Mas a implicação é: o que foi dito sobre o Estado se aplica a qualquer Estado que porventura desejemos conhecer.

Transferindo a questão das situações concretas para as definições e deduções conceituais, o efeito, especialmente o da teoria orgânica, é o de fornecer a aparelhagem indispensável à justificação intelectual da ordem estatuída. Aqueles que são mais interessados no progresso social prático e na emancipação dos grupos contra a opressão desprezaram a teoria orgânica. O efeito, senão a intenção, do idealismo germânico aplicado à filosofia social, foi o de ter erguido um baluarte para a manutenção do *status quo* político contra a maré montante de ideias radicais provindas da França revolucionária. Embora Hegel afirmasse de maneira explícita que o fim dos Estados e instituições é o de promover a realização da liberdade de todos, o resultado a que chegou foi o de consagrar o Estado Prussiano e endeusar o absolutismo burocrático. Seria essa tendência apologética acidental, ou nascia de alguma coisa contida na lógica das noções que foram empregadas?

Não resta dúvida de ser esta última suposição a exata. Se nos referimos ao Estado e ao indivíduo, mais do que a esta ou àquela organização política e a este ou àquele grupo de necessitados e sofredores seres humanos, a tendência é a de derramar o encanto e o prestígio, o significado e o valor atribuídos à noção geral, por sobre a situação concreta e, dessa forma, encobrir-lhe os defeitos e disfarçar a urgência de reformas sérias. O sentido e o significado, implicados nas noções gerais, são como que injetados nos casos particulares que lhes estão sujeitos. Semelhante procedimento seria inteiramente razoável, se aceitássemos a lógica dos universais rígidos, sob os quais os casos concretos têm de ser submetidos, em ordem a serem compreendidos e explicados.

Mais uma vez, a tendência do ponto de vista orgânico é minimizar o significado dos conflitos específicos. Sendo que o indivíduo e o Estado ou instituição social não são mais que dois aspectos da mesma realidade, sendo que ambos já se encontram harmonizados em princípio e na ordem conceitual, o conflito em qualquer caso particular não pode deixar de ser meramente aparente. Sendo que, em teoria, o indivíduo e o Estado são reciprocamente necessários proveitosos um ao outro, para que dar tamanha atenção ao fato de, neste Estado, todo um grupo de indivíduos estar sofrendo as consequências de condições opressoras? Na "realidade" seus interesses não podem entrar em conflito com os do Estado a que pertencem; a oposição é apenas superficial e casual. O capital e o trabalho não podem "realmente" colocar-se em conflito, porque um não é senão uma necessidade orgânica do outro, e vice-versa, e ambos pertencem à comunidade organizada como um todo. Não pode "realmente" existir nenhum problema sexual, porque os homens e as mulheres são indispensáveis uns aos outros e ao Estado. Aristóteles podia, em sua época, servir-se com facilidade da lógica dos conceitos gerais superiores aos indivíduos, com o fim de demonstrar que a instituição da escravatura satisfazia aos interesses de ambos, do Estado e da classe escrava. Mesmo que a intenção não seja a de justificar a ordem existente, o efeito é o de desviar de situações especiais a atenção. A lógica racionalista tornou, outrora, os homens negligentes na observação do concreto no domínio da filosofia física. Presentemente, ela concorre para desvalorizar e retardar a observação dos fenômenos sociais específicos. O filósofo social, que vive na região dos seus conceitos, "resolve" problemas ao mostrar a relação das ideias, em vez de auxiliar os homens a resolver os problemas em concreto, subministrando-lhes hipóteses a serem usadas e provadas em projetos de reforma.

Entrementes, é claro, continuam seu curso as conturbações e os males concretos. Não são por magia abolidos, porque, em teoria, a sociedade é orgânica. A região das dificuldades concretas, onde se requer urgentemente o auxílio de métodos inteligentes para ensaiar planos de experimentação, é justamente aquela onde a inteligência deixa de prestar seu concurso. Nesta região do específico e do concreto, os homens são jogados no mais cru empirismo, no mais obtuso oportunismo e na competição das forças brutas. Em teoria, os particulares são todos habilmente dispostos, catalogados sob categoria e títulos apropriados; são rotulados e colocados em gavetas ordenadas de arquivos, sob a designação de ciência política ou sociologia. Mas, na prática, permanecem tão confusos, enigmáticos e desordenados como anteriormente. Daí o não serem tratados nem mesmo por um método que se esforce por se tornar científico, mas sim pelo método cego da rotina, pela citação de precedentes, por considerações de vantagem imediata, pela dissimulação de coisas erradas, pelo uso de força coercitiva e pelo choque de ambições pessoais. Todavia o mundo ainda sobrevive, e de qualquer maneira vai girando: tal fato, ao menos, não pode ser negado. O método de tentativa e erro e a competição de egoísmo têm de qualquer modo realizado muitos aperfeiçoamentos. Não obstante, a teoria social continua existindo mais como luxo inútil do que como método orientador de pesquisa e planejamento. O verdadeiro impacto da reconstrução filosófica reside na questão dos métodos concernentes à reconstrução de situações particulares, mais do que em requintes de conceitos gerais, tais como os de instituição, individualidade, Estado, liberdade, lei, ordem, progresso, etc.

Consideremos o conceito do indivíduo em si. A escola individualista da Inglaterra e da França nos séculos XVIII e XIX era empírica na intenção; filosoficamente falando, baseava seu individualismo na crença de que só os indivíduos eram reais, e as classes e organizações eram secundárias e derivadas. Enquanto estas eram artificiais, os indivíduos eram naturais. Em que sentido pode, então, o individualismo ter sido vítima das objeções anteriores? Dizer que o defeito provinha do fato de essa escola menosprezar aquelas conexões com outras pessoas, que são partes constitutivas de cada indivíduo, é verdade; infelizmente, porém, essa verdade não chega a perturbar aquela justificação global das instituições, que tem sido criticada.

A dificuldade real da teoria está em considerar o indivíduo como alguma coisa dada, como algo já existente. Por conseguinte, ele consiste apenas em alguém que precisa ser cuidado, em alguém cujos prazeres devam ser intensificados e cujo patrimônio deve ser ampliado. Quando o indivíduo é tomado como algo já existente, tudo aquilo que pode ser feito a ele ou para ele só o será mediante impressões externas ou dádivas concretas: sensações de prazer e dor, conforto e segurança. Ora, embora seja certo que as organizações sociais, as leis, as instituições, são feitas para o homem, e não o homem para elas; que são meios e agentes de bem-estar e progresso humano; não são, porém, meios de produzir alguma coisa para os indivíduos, nem sequer a felicidade. São, sim, meios de se criar indivíduos. Só no sentido físico de corpos físicos é que o indivíduo é um dado originário. Num sentido social e moral, indivíduo é alguma coisa a ser criada, a ser produzida: significa iniciativa, espírito inventivo, desembaraço em meio das situações, tomada de responsabilidade na escolha de crença e de conduta. Estas coisas não são dons, mas conquistas, e, enquanto tais, não são absolutas, mas sim relativas ao uso que delas se faça. E este uso varia com a ambiência.

A importância desta concepção aparece quando se consideram as propriedades da ideia de interesse próprio. Todos os partidários da escola empírica focalizaram esta noção, aceitando-a com sendo o único motivo por que se rege a ação do gênero humano. Obter-se-ia a virtude, desde que a ação benevolente fosse profícua ao indivíduo; e as organizações sociais deveriam ser reformadas para que o egoísmo e a consideração altruística de outros fossem considerados. Os moralistas da escola contrária não se mostravam retrógrados, ao pôr em relevo os males de qualquer teoria que reduzisse tanto a moral como a ciência política a simples meios de calcular o interesse pessoal. Mas, por isto mesmo, repudiaram em globo a ideia de interesse, como nociva à moral. Tal reação surtiu o efeito de reforçar a causa da autoridade do obscurantismo político. Que é que resta, depois de eliminado o jogo de interesses? Que farsas motrizes concretas é possível ainda encontrar? Os que identificaram o eu com alguma coisa já feita e o seu interesse com aquisição de prazer e lucro serviram-se dos meios mais eficazes de que era possível para restabelecer a lógica das concepções abstratas de lei, justiça, soberania, liberdade, etc., todas aquelas ideias gerais vagas que, devido à rigidez aparente, podem ser manipuladas por qualquer político sagaz com o fim de encobrir suas reais intenções e dar aparências de melhor à pior causa. Os interesses são específicos e dinâmicos, são os termos naturais de todo pensamento social concreto; são condenados sem remissão, quando identificados com as pequenezes de um egoísmo mesquinho. Podem ser usados como condições vitais somente quando o eu se vir envolvido no processo e quando o interesse passar a ser o nome designativo de tudo quanto estimule o movimento desse eu.

A mesma lógica se aplica à velha discussão, sobre se a reforma há de principiar pelo indivíduo ou pelas instituições. Quando o eu é encarado como algo completo em si, para logo se argumentar que somente mudanças moralísticas internas são de importância numa reforma geral. As mudanças institucionais são tidas com meramente externas. Podem acrescentar comodidades e confortos à vida, não podem afetar progressos morais. O resultado é descarregar a responsabilidade pelo progresso social sobre o livre-arbítrio em sua forma mais impossível, bem com encorajar a passividade social e econômica. Os indivíduos são levados a se concentrarem, mediante uma introspecção moral, em seus próprios vícios e virtudes, bem como a menosprezar as determinantes do meio ambiente. A moral aparta-se das preocupações ativas referentes aos pormenores das condições econômicas e políticas. Aperfeiçoemo-nos internamente, que no memento certo surgirão mudanças na sociedade: esta é a doutrina ensinada. O resultado é que os santos se engajam em introspecções, enquanto os pecadores andam à solta pelo mundo. Mas quando a personalidade individual é percebida como processo ativo, verifica-se que as modificações sociais são os únicos meios de criação de novas personalidades. As instituições são então analisadas à base de seus efeitos educativos: – em referência aos tipos de indivíduos que fomentam, ao passo que o interesse pela elevação moral individual se identifica com o interesse social pela reforma objetiva das condições econômicas e políticas, A investigação do sentido das organizações sociais envereda então por uma direção definida. Somos levados a indagar o que possa ser o poder específico de estimular, fomentar e promover o progresso de cada organização social específica. Fica eliminada pela raiz a velha separação entre política e moral.

Consequentemente, não podemos ficar satisfeitos com a afirmação geral de que a sociedade e o Estado se relacionam organicamente com o indivíduo. A questão é de causas específicas. Que resposta evoca precisamente esta organização social, política ou econômica, e qual o efeito por ela produzido nas disposições daqueles que nela estão envolvidos? Confere ela capacidade? Se sim, até que ponto? Tal efeito manifestar-se-á apenas sobre diminuto número de pessoas, com a correspondente depressão em outras, ou será produzido em medida mais ampla e equitativa? E a capacidade, que vem a ser libertada, é dirigida de maneira coerente, tornando-se assim uma força, ou se revela em manifestações espasmódicas e caprichosas? Sendo que as respostas variam ao infinito, as investigações precisam ser minuciosas e específicas. Os sentidos do homem tornam-se mais sensíveis e receptivos, ou pelo contrário embotados e obtusos por influência desta ou daquela forma de organização social? Adestram-se suas faculdades mentais, de modo que as mãos se tornem mais hábeis e ágeis? A curiosidade excita-se ou embota-se? Qual é sua qualidade: é meramente estética, dando importância às formas e superfícies das coisas, ou é também uma investigação intelectual de seu significado? Questões como estas (assim como outras igualmente óbvias sobre as qualidades convencionalmente rotuladas como morais) convertem-se em pontos de partida de pesquisas acerca de cada instituição da comunidade, quando se chega a admitir que a individualidade não é algo originariamente dado, mas sim criado sob a influência da vida comunitária. Do mesmo modo que o utilitarismo, a teoria submete cada forma de organização a um contínuo exame crítico. Mas, em vez de nos levar a perguntar como atua cada forma de organização no processo de causar sofrimentos e prazeres a indivíduos já existentes, ela investiga o que é feito no sentido de liberar capacidades específicas e de coordená-las em poderes funcionais. Que espécie de indivíduos é criada?

O desperdício de energia mental, proveniente da prática de discutir problemas de ordem social em termos de conceitos universais, é surpreendente. Que resultado obteria o biólogo ou o médico se, ao discutirem os fenômenos da respiração, se contentassem com manipular, para um e outro lado, os conceitos de órgão e de organismo: se, por exemplo, determinada escola julgasse que a respiração só pode ser conhecida e compreendida, insistindo no fato de ela ocorrer num corpo individual e, por conseguinte, como fenômeno "individual", enquanto outra escola oposta proclamasse que o fenômeno respiratório é simplesmente uma função relacionada organicamente com outras e que, por conseguinte, só pode ser conhecida ou compreendida em referência a outras funções tidas das de modo uniformemente igual ou indiscriminado? Ambas as proposições são igualmente verdadeiras e igualmente fúteis. O que importa é fazer pesquisas específicas numa multidão de estruturas e interações específicas. A solene reiteração das categorias do todo individual orgânico ou social, em vez de favorecer essas pesquisas definidas e pormenorizadas, trava-as, enredando o pensamento na trama de sonoras e pomposas generalidades, onde a controvérsia é tão inevitável quanto incapaz de solução. É verdade que se as células não estivessem em interação vital umas com as outras, não poderiam entrar em conflito, como nem estabelecer cooperação entre si. Mas o fato de existir um grupo social "orgânico", em vez de responder a quaisquer perguntas, assinala apenas que existem questões: precisamente, quais os conflitos e cooperações que se processam, e quais suas causas e consequências específicas? Porém, devido à persistência, no âmbito da filosofia social, da ordem de ideias que foi expulsa da filosofia natural, os próprios sociólogos aceitam o conflito ou a cooperação como categorias gerais sobre as quais apoiam sua ciência, e condescendem com os fatos empíricos só para efeitos de exemplificação. Como regra geral, o principal "problema" deles é puramente dialético, envolto em espessa colcha de citações históricas e antropológicas empíricas: Como se unem os indivíduos para formar uma sociedade? Como são os indivíduos socialmente controlados? E o problema é justamente denominado dialético, porque procede de concepções antecedentes sobre "indivíduo" e "social".

Do mesmo modo que "indivíduo" não é uma coisa, mas sim um termo designativo da imensa variedade de reações, hábitos, disposições e poderes específicos da natureza humana, que são evocados e confirmados sob a influência da vida associativa, assim o é o termo "social". "Sociedade" é uma palavra, mas implica uma infinidade de coisas. Engloba todos os modos pelos quais os homens, associando-se uns aos outros, compartilham reciprocamente em suas experiências e armazenam interesses e aspirações comuns: gangues de rua, quadrilhas, clãs, facções sociais, sindicatos, sociedades anônimas, povoações e alianças internacionais. O único interesse desse novo método é o de manipular as noções gerais, substituindo a pesquisa por estes fatos relativos específicos (relativos a problemas e propósitos, e não relativos metafisicamente).

Fato curioso, a moderna concepção de Estado é um caso característico. Uma influência direta da ordem clássica de espécies fixas, dispostas em ordem hierárquica, é a tentativa da filosofia política alemã do século XIX de enumerar um número definido de instituições, cada uma com seu significado essencial e imutável, e de dispô-las numa ordem de "evolução" correspondente à dignidade e categoria dos respectivos significados. O Estado Nacional foi colocado no topo como culminação e consumação, e também como base das demais instituições.

Hegel é exemplo notável desta corrente de pensamento, mas está longe de ser o único. Muitos de seus ferrenhos adversários divergem dele apenas no que tange aos pormenores da "evolução" ou ao significado peculiar que deve ser atribuído, na qualidade de conceito essencial, a algumas das instituições enumeradas. As divergências tornaram-se pertinazes, porque afinal as premissas subjacentes eram as mesmas. De modo particular, muitas escolas ideológicas, embora largamente discordantes quanto ao método e à conclusão, chegaram a um acordo, no que se refere à posição culminante final do Estado. É possível que não avancem tanto como Hegel no caminho de ensinar que o único significado da história é a evolução dos Estados Territoriais Nacionais, cada um dos quais englobe mais do que a forma anterior do significado ou concepção essencial do Estado e consequentemente o desloque, até que chegamos ao triunfo da evolução histórica, que é o Estado Prussiano. Contudo não põem em dúvida a posição única e suprema do Estado na hierarquia social. Na verdade, tal concepção cristalizou-se em dogma incontestável sob o título de soberania.

Não pode restar dúvida sobre o papel altamente relevante desempenhado pelo moderno Estado nacional territorial. A formação desses Estados tem sido o fulcro da moderna história política. A França, a Grã-Bretanha e a Espanha foram os primeiros países a realizar a organização nacionalista, mas, no século XIX, seu exemplo foi seguido por Japão, Alemanha e Itália, para não falar de muitos outros Estados menores, tais como a Grécia, a Sérvia, a Bulgária, etc. Como todos já sabem, uma das fases mais importantes da recente guerra mundial consistiu no esforço despendido para completar o movimento nacionalista, resultando no aparecimento da Boêmia, Polônia, etc., como Estados independentes; e o acesso da Armênia, Palestina, etc., ao posto de candidatos.

A luta pela supremacia do Estado sobre outras formas de organização foi dirigida contra o poder de distritos, províncias e principados de menor extensão contra a dispersão do poder entre senhores feudais, bem como contra as pretensões de potentados eclesiásticos, em algumas regiões.

"Estado" representa o ponto culminante do grande movimento de integração e consolidação social que se vem processando nestes derradeiros séculos, movimento esse enormemente acelerado em razão da concentração e da combinação da energia elétrica e a vapor. Como consequência natural e inevitável, os estudiosos da ciência política têm-se preocupado com este momentoso fenômeno histórico, e suas atividades intelectuais têm sido dirigidas no sentido de sua formulação sistemática. Uma vez que o movimento progressivo contemporâneo tendia a estabelecer o Estado unificado contra a inércia de unidades sociais menores, bem como contra as ambições de rivais pelo poder, a teoria política criou o dogma da soberania do Estado nacional, interna e externamente.

À medida que o trabalho de integração e de consolidação atinge o clímax, surge, entanto, a questão de saber se o Estado nacional, depois de firmemente estabelecido e livre das lutas contra inimigos fortes, não se transforma precisamente em instrumento de promoção e proteção de outras e mais voluntárias formas de associação, em vez de ser um fim supremo em si. Dois fenômenos atuais podem ser apontados em abono de uma resposta afirmativa. Junto com o desenvolvimento da maior, mais ampla e mais unificada organização do Estado, nota-se a emancipação dos indivíduos em relação a restrições e servidões anteriormente impostas pelo costume e pelo regime de classes. Mas os indivíduos, muito embora livres de laços externos e coercitivos, não permaneceram isolados. As moléculas sociais começaram de novo a combinar-se em associações e organizações. As associações compulsórias cederam o lugar às voluntárias; as organizações rígidas foram substituídas por outras que são mais acessíveis à escolha e aos propósitos humanos, mais diretamente mutáveis à vontade. Aquilo que, por um lado, parece ser um movimento em direção ao individualismo, acaba por ser, na realidade, um movimento que tende a multiplicar todas as espécies e variedades de associações: partidos políticos, empresas comerciais, organizações científicas e artísticas, sindicatos, igrejas, escolas, clubes e sociedades, para o fomento de todos os interesses concebíveis que os homens possam ter em comum. À medida que tais associações aumentam em número e importância, o Estado propende para se tornar cada vez mais em regulador e conciliador entre elas, define-lhes o limite de ação, previne e resolve conflitos.

Sua "supremacia" aproxima-se da mesma do regente de orquestra, que não compõe música alguma, mas se circunscreve a harmonizar as atividades dos que, produzindo-a, a fazem intrinsecamente valiosa. O Estado permanece importante, mas sua importância cifra-se mais e mais em seu poder de fomentar e coordenar as atividades de grupos voluntários. Apenas nominalmente, em qualquer comunidade moderna, é o bem para o qual as demais sociedades e organizações existam. Agrupamentos destinados a promover os variados bens de uso comum têm-se tornado as verdadeiras unidades sociais, as quais ocupam o lugar que a teoria tradicional sempre reivindicou, ora para os simples indivíduos isolados, ora para a suprema e única organização política. O pluralismo está muito bem organizado na atual prática política e demanda uma modificação na teoria hierárquica e monística. Toda combinação de forças humanas, que acrescenta sua própria contribuição de valor à vida, tem, por esse motivo, seu próprio e único merecimento, nem pode ser rebaixada como meio de glorificação ao Estado. Uma das razões para a crescente desmoralização da guerra é o fato de ela forçar o Estado a uma posição anormalmente suprema.

O outro fato concreto é a oposição entre a reivindicação pela soberania independente no interesse do Estado nacional territorial e o crescimento dos interesses internacionais, e dos que também têm sido denominados, com razão, interesses transnacionais. O bem-estar e o infortúnio de qualquer Estado moderno estão intimamente ligados ao bem-estar e infortúnio dos outros. A fraqueza, a desordem e os falsos princípios de um Estado não se circunscrevem dentro de suas fronteiras, mas sim ultrapassam e contaminam outros Estados. O mesmo se diga em relação ao progresso econômico, artístico e científico. Além disso, as associações voluntárias, há pouco mencionadas, não coincidem com as fronteiras políticas. Associações de matemáticos, de químicos, de astrônomos, as sociedades comerciais, as organizações de trabalhadores, as igrejas são transnacionais, porque os interesses que representam se estendem ao mundo inteiro. Em tais circunstâncias, o internacionalismo não é uma aspiração, mas um fato, não um ideal sentimental, mas uma força. Contudo esses interesses são atalhados e impedidos de funcionar pela doutrina tradicional da soberania nacional exclusiva. É a prática dessa doutrina ou dogma que apresenta a mais forte barreira à formação efetiva de uma mentalidade internacional, que sozinha congraça com as atuais forças propulsoras do trabalho, do comércio, da ciência, da arte e da religião.

A sociedade é, como dissemos, muitas associações, não uma única organização. Sociedade significa associação, reunião de pessoas para levarem a efeito, através de intercâmbio e ação, todas as formas de experiência que lucram em valor e vigor, à medida que venham a ser reais e compartilhadas. Esse é o motivo de existirem tantas associações e tantos bens que são aumentados por efeito de mútua comunicação e participação. Tais bens são literalmente indefinidos em número. Na verdade, a capacidade de suportar publicidade e comunicação é a prova pela qual se decide se um bem é genuíno ou espúrio. Os moralistas têm sempre insistido no fato de o bem ser universal, objetivo, não precisamente privado, particular. Mas muito frequentemente, como o fez Platão, contentaram-se com uma universalidade metafísica, ou, como Kant, com uma universalidade lógica. A comunicação, o compartilhar, a participação conjunta, são os únicos meios existentes de universalizar a lei e o fim moral. Insistimos até à última hora no caráter único de todos os bens intrínsecos. Mas a contrapartida desta proposição é que a situação em que um bem é conscientemente realizado, não é a de sensações transitórias ou de apetites privados, mas a de participação e de comunicação – pública, social. Até o eremita conversa intimamente com deuses ou espíritos; até a miséria gosta de companhia; e o mais estreme egoísmo inclui um bando de partidários ou parceiros que venham a usufruir o bem adquirido. Universalização significa socialização, extensão da área e do círculo daqueles que compartilham um bem.

O crescente reconhecimento de que bens existem e se preservam somente através da mútua comunicação, e de que a associação é o meio de se efetuarem coparticipações está implícito no senso moderno de humanidade e democracia. É o sal preservador do altruísmo e da filantropia, sem o qual estas duas virtudes degeneram em condescendência e em interferência moral; propensões estas que se expressam em tentativas de resolver os problemas dos semelhantes, sob o disfarce de se lhes fazer bem ou de lhes conferir algum direito a pretexto de dádiva de caridade. Segue-se que a organização nunca é fim em si mesma, mas apenas um meio de promover a associação, de multiplicar os pontos efetivos de contato entre os homens, de orientar o convívio social em moldes bem-sucedidos.

A tendência para tratar a organização como fim em si é responsável por todas as teorias exageradas que subordinam os indivíduos a alguma instituição, à qual se dá o nobre nome de sociedade. Sociedade é o processo de estabelecer associações de maneira tal que experiências, ideias, emoções, valores, sejam transmitidos e passem a fazer parte do domínio comum. Pode-se dizer com verdade que tanto o indivíduo quanto a instituição estão subordinados a este processo ativo. O indivíduo está subordinado, porque só na transmissão recíproca de experiências, e através dela, deixa de ser mero animal embrutecido, puramente instintivo e desprovido de inteligência. Só em associação com seus semelhantes ele se torna centro consciente de experiências. A organização, que a teoria tradicional geralmente designa pelo termo Sociedade ou Estado, está igualmente subordinada, pois se torna estática, rígida, institucionalizada, sempre que não se empenhe em facilitar e enriquecer os contatos mútuos entre os homens.

A velha controvérsia entre direitos e deveres, entre lei e liberdade, é outra versão da luta entre Indivíduo e Sociedade como conceitos fixos. Liberdade para o indivíduo significa crescimento, rápida mudança quando a modificação se torna necessária. Significa um processo ativo, o processo de libertar as capacidades de seu cativeiro. Mas desde que a sociedade só pode desenvolver-se quando novos recursos são postos à sua disposição, é absurdo supor que a liberdade signifique algo de positivo para a individualidade, e algo de negativo na esfera dos interesses sociais. A sociedade é forte, potente e estável contra quaisquer acidentes, apenas quando todos os seus membros operam até o limite de sua capacidade. Tal objetivo não será conseguido, caso não se reserve certa margem de experimentação além dos limites do costume estabelecido e sancionado. Uma visível manifestação de confusão e de irregularidade provavelmente acompanha essa concessão de margem de liberdade, sem a qual a capacidade não se pode descobrir a si própria. Contudo, do ponto de vista tanto social como científico, o importante não é evitar erros, mas conseguir que eles se realizem em condições tais que possam ser utilizados para incrementar a inteligência.

Se a filosofia social liberal britânica, fiel ao espírito de seu empirismo atomístico, propendeu para fazer da liberdade e do exercício dos direitos fins em si mesmos, o remédio não consiste em recorrer a uma filosofia de obrigações fixas e de leis autoritárias, semelhante à que caracterizou o pensamento político germânico. A filosofia germânica, como os fatos têm demonstrado, é perigosa por causa de sua implícita ameaça à livre autodeterminação de outros grupos sociais; mas revela-se também internamente fraca, quando sujeita à prova final. Em sua hostilidade à livre experimentação e ao poder de escolha do indivíduo, em face de decisões sobre problemas sociais, ela restringe a capacidade de muitos ou da maioria dos indivíduos de compartilhar de modo efetivo das atividades sociais, privando assim a sociedade da contribuição plena de todos os seus membros. A mais sólida garantia de eficiência e de poder coletivos é a liberação e o uso das variadas capacidades individuais de iniciativa, planejamento, previsão, vigor e persistência. A personalidade deve ser educada. Entretanto, a personalidade não pode ser educada ao confinarmos suas operações a coisas técnicas e especializadas, ou às relações menos importantes da vida. A educação integral só é levada a efeito, quando existe, da parte de cada pessoa, um quinhão de responsabilidade, proporcional às respectivas capacidades, na formulação de ideais e programas de ação dos grupos sociais a que ela pertence. Este fato fixa a importância da democracia. Esta não pode ser concebida como algo de sectário ou racial, nem como consagração de alguma forma de governo já constitucionalmente sancionada. É apenas um nome para designar o fato de a natureza humana se desenvolver somente quando seus elementos tomam parte na direção das coisas que são comuns, coisas pelas quais homens e mulheres formam agrupamentos – famílias, sociedades industriais, governos, igrejas, associações científicas, e assim por diante. O princípio é válido tanto para qualquer forma de associação, por exemplo, industrial ou comercial, quanto para a forma de governo. A identificação de democracia com democracia política, que é responsável pela maior parte de seus malogros, baseia-se nas ideias tradicionais que fazem do indivíduo e do Estado entidades preexistentes em si mesmas.

À medida que as novas ideias encontram expressão adequada na vida social, vão sendo integradas num fundo moral; e ideias e crenças precisam ser aprofundadas, intimamente assimiladas, para serem transmitidas e sustentadas de maneira inconsciente. Precisam colorir a imaginação e temperar os desejos e afetos. Em vez de formarem um corpo de ideias destinadas a serem expostas, fundamentadas em raciocínios e amparadas por argumentos, devem ser antes um modo espontâneo de encarar a vida e assumir, portanto, valor religioso. O espírito religioso será revivificado, porque estará em harmonia com as crenças científicas incontroversas dos homens, bem como com suas atividades sociais do dia a dia; e não será mais obrigado a viver uma vida tímida, semioculta e semiapologética, por estar preso a ideias científicas e a crenças sociais, que continuamente vão sendo demolidas e enfraquecidas. Contudo, as ideias e as crenças serão especialmente aprofundadas e intensificadas, desde que espontaneamente nutridas pela emoção e traduzidas em visão imaginativa e em belas-artes. Isto é o que hoje não se dá. Presentemente, são elas preservadas por esforços mais ou menos conscientes, pela reflexão deliberada do pensamento, por isto que são ideias de ordem técnica e abstrata, justamente por não serem ainda apresentadas como coisa natural pela imaginação e pelo sentimento.

Começamos por salientar que a filosofia europeia se originou no período em que os métodos intelectuais e os resultados científicos se desligaram das tradições sociais que haviam consolidado e englobado os frutos do desejo e da imaginação espontânea. Salientamos que, desde então, a filosofia tem enfrentando o problema de ajustar o árido, tênue e débil ponto de vista científico ao corpo obstinadamente persistente de crenças apaixonadas e imaginativas. Concepções de possibilidade, progresso, livre movimento e de oportunidades variadas ao infinito, tudo isto foi sugerido pela ciência moderna. Mas até que estas novas concepções consigam deslocar da imaginação a herança do imutável, do perenemente ordenado e sistematizado, as ideias de mecanismo e de matéria abafarão, como peso morto, as emoções, paralisando a religião e distorcendo o sentido da arte. Quando a liberação de capacidades perder seu caráter ameaçador aos olhos das organizações e instituições estabelecidas, algo que não possa ser evitado e, ao mesmo tempo, possa ser uma ameaça à conservação dos mais preciosos valores do passado, quando a liberação das capacidades humanas operar como força socialmente criadora, então a arte não será um luxo, um elemento estranho às ocupações relativas ao ganha-pão de cada dia. Ganhar a vida, economicamente falando, equivalerá a ganhar uma vida digna de ser vivida. E quando a força emocional, a força mística de comunicação, do milagre da vida e da experiência for sentida espontaneamente, por certo as durezas e cruezas da vida contemporânea se verão banhadas de uma luz que jamais brilhou na terra ou no mar.

A poesia, a arte e a religião são coisas preciosas, coisas que não podem manter-se pelo aferro ao passado ou pelo desejo fútil de restaurar aquilo que a marcha dos acontecimentos na ciência, na indústria e na política, destruiu. Elas jorram de pensamentos e desejos que inconscientemente convergem para uma disposição imaginativa, como resultado de milhares e milhares de episódios e contatos diários. Elas não podem ser coagidas ou determinadas a existir. A brisa do espírito sopra onde lhe apraz, e o reino de Deus em tais coisas não vem pela observação. Mas enquanto é impossível manter e recuperar, por volição deliberada, os velhos mananciais da religião e da arte que tombaram no descrédito, há sempre a possibilidade de acelerar o desenvolvimento das fontes vitais de uma religião e arte que ainda estão por nascer. Evidentemente, tal não se dará pela ação diretamente endereçada a produzi-las, mas com substituir o terror e a aversão às tendências ativas do dia pela fé nessas mesmas tendências e pelo denodo da inteligência em trilhar o caminho que nos é apontado pelas mudanças científicas e sociais. Hoje em dia, somos pobres de ideal, porque a inteligência se encontra divorciada de aspirações. A força crua das circunstâncias impele-nos para frente, em meio dos pormenores diários de nossas crenças e nossos atos, enquanto nossos mais recônditos pensamentos e desejos se voltam para trás. Quando a filosofia cooperar com o curso dos acontecimentos e tornar claro e coerente o significado dos pormenores diários, a ciência e a emoção hão de interpenetrar-se, a prática e a imaginação hão de se congraçar. Poesia e sentimento religioso serão as flores espontâneas da existência humana. Promover tal articulação e revelação dos significados do curso corrente dos acontecimentos é a tarefa e o problema da filosofia nestes dias de transição.

•••••••••••

Este livro, composto na tipologia
Warnock Pro, foi impresso pela
Imprensa da Fé sobre papel offset 75g/m²
para a Ícone Editora em julho de 2011

•••••••••••